CASAMENTO
E
MULHERES
NEGRAS:

Leis *versus* Demandas

JULIA DOS SANTOS DRUMMOND

CASAMENTO E MULHERES NEGRAS:

Leis *versus* Demandas

Copyright © 2020 by Editora Letramento
Copyright © 2020 by Julia dos Santos Drummond

DIRETOR EDITORIAL | Gustavo Abreu
DIRETOR ADMINISTRATIVO | Júnior Gaudereto
DIRETOR FINANCEIRO | Cláudio Macedo
LOGÍSTICA | Vinícius Santiago
COMUNICAÇÃO E MARKETING | Giulia Staar
EDITORA | Laura Brand
ASSISTENTE EDITORIAL | Carolina Fonseca
DESIGNER EDITORIAL | Gustavo Zeferino e Luís Otávio Ferreira
CAPA | Sergio Ricardo
REVISÃO | LiteraturaBr Editorial
DIAGRAMAÇÃO | Renata Oliveira

CONSELHO EDITORIAL | Alessandra Mara de Freitas Silva; Alexandre Morais da Rosa; Bruno Miragem; Carlos María Cárcova; Cássio Augusto de Barros Brant; Cristian Kiefer da Silva; Cristiane Dupret; Edson Nakata Jr; Georges Abboud; Henderson Fürst; Henrique Garbellini Carnio; Henrique Júdice Magalhães; Leonardo Isaac Yarochewsky; Lucas Moraes Martins; Luiz Fernando do Vale de Almeida Guilherme; Nuno Miguel Branco de Sá Viana Rebelo; Renata de Lima Rodrigues; Rubens Casara; Salah H. Khaled Jr; Willis Santiago Guerra Filho.

Todos os direitos reservados.
Não é permitida a reprodução desta obra sem aprovação do Grupo Editorial Letramento.

Dados Internacionais de Catalogação na Publicação (CIP) de acordo com ISBD

D795c	Drummond, Julia dos Santos
	Casamento e mulheres negras: leis versus demandas / Julia dos Santos Drummond. - Belo Horizonte : Casa do Direito, 2020.
	194 p. ; 15,5cm x 22,5cm.
	Inclui bibliografia e índice.
	ISBN: 978-65-86025-05-7
	1. Direito de família. 2. Casamento. 3. Mulheres negras. 4. Leis. 5. Demandas. I. Título.
	CDD 342.16
2020-500	CDU 347.61

Elaborado por Vagner Rodolfo da Silva - CRB-8/9410

Índice para catálogo sistemático:
1. Direito de família 342.16
2. Direito de família 347.61

Belo Horizonte - MG
Rua Magnólia, 1086
Bairro Caiçara
CEP 30770-020
Fone 31 3327-5771
contato@editoraletramento.com.br
editoraletramento.com.br
casadodireito.com

Casa do Direito é o selo jurídico do
Grupo Editorial Letramento

À vovó Nelminha, minha eterna saudade.

AGRADECIMENTOS

Agradeço a realização deste trabalho, em primeiro lugar, aos meus pais, por me ensinarem, desde muito cedo, o significado da educação.

Agradeço à minha orientadora, Gislene, por acreditar no meu projeto desde o começo. Sua crença foi fundamental por me fortalecer nos momentos em que eu mesma duvidei da importância do tema que escolhi investigar. Pelos ensinamentos, por ser a minha grande referência acadêmica, pelas orientações, pelos elogios e críticas, eu deixo registrado o meu mais sincero obrigada.

Ao meu companheiro, Emerson, pelo apoio praticamente incondicional à minha pesquisa, seja pelas palavras de ânimo e conforto, seja pela ajuda prática com a manutenção da minha casa quando eu não tive tempo nem de cuidar das coisas básicas. Obrigada por todo amor e companheirismo, fundamentais não só para manter a minha vida no lugar, mas também a minha mente. Eu te amo demais.

Aos meus amigos e amigas cujos laços formamos ao longo da graduação na Faculdade de Direito, e dos quais não desgrudo e nem quero. Vocês são uma parte essencial da minha felicidade e eu não teria conseguido ir até o fim se não fosse o carinho e companheirismo de vocês. Agradeço especialmente à Bruna, ao Arthur, ao Renan, ao Gabriel, ao Pedro, à Babi, à Terra e ao Igor.

Aos membros e às membras do Quilombo Oxê e do Coletivo Angela Davis, coletivos formados por pessoas negras da Sanfran e cuja existência muito me orgulha. Vocês são parte da resistência ao desgoverno federal e às políticas racistas em geral. E são fonte de inspiração a quem já foi e a quem está entrando na universidade.

Agradeço às mulheres negras que se dispuseram a tirar um tempinho do seu dia para responder ao formulário da pesquisa empírica. Obrigada por acreditarem em mim e nos propósitos da pesquisa. Espero que leiam e façam os apontamentos que entenderem necessário. Estou aberta ao diálogo.

Por fim, um agradecimento especial a companheiras que muito me inspiram e apoiam: Natália Neris e Amarilis Costa.

sua arte

não é a quantidade de pessoas

que gostam do seu trabalho

sua arte

é

o que seu coração acha do seu trabalho

o que sua alma acha do seu trabalho

é a honestidade

que você tem consigo

e você

nunca deve

trocar honestidade

por identificação

- a todos vocês poetas jovens

(KAUR, 2017, p. 202)

LISTA DE FIGURAS

Figura 1 – Publicação de divulgação do questionário online no *Facebook* ... 81

Figura 2 – Captura de tela da 1ª publicação no *Instagram Stories* divulgando o formulário ... 82

Figura 3 – Captura de tela da segunda publicação no *Instagram Stories* divulgando o formulário online ... 83

Figura 4 – Captura de tela da mensagem de divulgação do questionário enviada através do *Whatsapp* ... 84

LISTA DE GRÁFICOS

Gráfico 1 – Idade das respondentes ... 87

Gráfico 2 – Identidade de gênero das respondentes ... 90

Gráfico 3 – Orientação sexual das respondentes ... 91

Gráfico 4 – Cor/Raça das respondentes ... 93

Gráfico 5 – Ocupação das respondentes ... 94

Gráfico 6 – Renda individual das respondentes ... 95

Gráfico 7 – Renda familiar das respondentes ... 96

Gráfico 8 – Nível de escolaridade das respondentes ... 96

Gráfico 9 – Estado de residência das respondentes ... 97

Gráfico 10 – Estado civil das respondentes ... 103

Gráfico 11 – Resposta sobre a existência ou não de filhos(as) pelas respondentes ... 104

Gráfico 12 – Resposta sobre a existência ou não de filhos(as) pelas respondentes ... 105

Gráfico 13 – Respostas sobre se as respondentes querem se casar. ... 105

Gráfico 14 – Respostas sobre se as respondentes querem viver em união estável ... 113

Gráfico 15 – Idade das mulheres respondentes solteiras ... 120

Gráfico 16 – Pretensão de ter filhos das mulheres respondentes ... 123

Gráfico 17 – Categoria "O que é família, na sua opinião?" ... 133

Gráfico 18 – Respostas sobre a necessidade de ajuizar ações por demandas familiares por parte das respondentes ... 134

Gráfico 19 – Matérias discutidas no(s) processo(s) em Direito de Família ... 135

Gráfico 20 – Renda familiar das mulheres que ajuizaram pedidos de pensão alimentícia ... 137

Gráfico 21 – Renda individual das mulheres que ajuizaram pedido de divórcio ... 138

Gráfico 22 – Renda familiar das mulheres que ajuizaram pedido de divórcio — 138

Gráfico 23 – Tipo de assistência jurídica a que as respondentes tiveram acesso — 139

Gráfico 24 – Avaliação sobre o atendimento do(a) advogado(a) ou defensor(a) público(a) — 140

Gráfico 25 – Avaliação sobre o atendimento do(a) juiz(íza) — 141

Gráfico 26 – Avaliação do resultado do processo, na visão das respondentes — 142

Gráfico 27 – Participação em audiência de tentativa de conciliação no CEJUSC pelas respondentes — 143

Gráfico 28 – Avaliação do atendimento do conciliador — 143

Gráfico 29 – Tentativa de meios extrajudiciais de resolução de conflitos, como conciliação ou mediação, pelas respondentes — 144

LISTA DE TABELAS

Tabela 1 – Residência das respondentes, por estado — 98

Tabela 2 – Categoria "Por que se casar?" — 106

Tabela 3 – Categoria "Por que não se casar?" — 109

Tabela 4 – Categoria "Não sei se quero me casar" — 111

Tabela 5 – Categoria "Por que viver em união estável?" — 114

Tabela 6 – Categoria "Por que não viver em união estável?" — 116

Tabela 7 – Categoria "Não sei se quero viver em união estável" — 118

Tabela 8 – Categoria "Por que ter filhos(as)?" — 124

Tabela 9 – Categoria "Por que não ter filhos(a)?" — 126

Tabela 10 – Categoria "Não sei se quero ter filhos(a)" — 128

SUMÁRIO

APRESENTAÇÃO — 13

PREFÁCIO — 17

INTRODUÇÃO — 21

1. AS MULHERES NEGRAS BRASILEIRAS — 27

1.1. Por que falar especificamente de mulheres negras? — 27

1.1.1. Perspectiva histórica: mulheres negras da pós-abolição ao século XX — 27

1.1.2. A imagem do negro no Brasil: racismo científico, políticas de embranquecimento e mito da democracia racial — 40

1.2. Afetividade e solidão — 48

2. A SITUAÇÃO JURÍDICA DA "MULHER" NO DIREITO DE FAMÍLIA: DE 1916 A 2019 — 61

2.1. A mulher universal no direito de família — 61

2.2. Principais alterações legislativas: de 1916 a 2019 — 64

2.2.1. Do patrimônio ao afeto — 67

2.2.2. Novas configurações familiares (ou não tão novas assim) — 70

2.3. A judicialização dos conflitos familiares e o acesso à Justiça — 73

3. DETALHAMENTO DO PROBLEMA DE PESQUISA — 77

3.1. Justificativa da escolha do tema e sua importância — 77

3.2. Objetivos — 77

3.2.1. Objetivo geral — 77

3.2.2. Objetivos específicos — 78

4. LEIS *VERSUS* DEMANDAS: PERGUNTANDO ÀS MULHERES NEGRAS — 79

4.1. Metodologia da pesquisa empírica — 79

4.1.1. Tipo de pesquisa — 80

4.1.2. Coleta de dados	81
4.1.3. Seleção dos sujeitos	85
4.1.3.1. Idade	86
4.1.3.2. Identidade de gênero	87
4.1.3.3. Orientação sexual	90
4.1.3.4. Cor/Raça	92
4.1.3.5. Ocupação, renda individual e familiar, e nível de escolaridade	93
4.1.3.6.. Estado de residência	97
4.2. Análise das respostas	**98**
4.2.1. Seção 1: Família	102
4.2.2. Seção 2: Acesso à Justiça	134

5.   CONSIDERAÇÕES FINAIS   **147**

REFERÊNCIAS BIBLIOGRÁFICAS   **153**

**6.   APÊNDICE A – QUESTIONÁRIO *ONLINE* UTILIZANDO A
PLATAFORMA *GOOGLE FORMS***   **159**

7.   APÊNDICE B – RESPOSTAS ÀS QUESTÕES ABERTAS   **169**

APRESENTAÇÃO

Em pleno século XXI, após inúmeros movimentos e ondas feministas nas quais se lutou pela igualdade de direitos entre homens e mulheres, pela incorporação de novos sentidos para o "ser mulher", pela igualdade no mercado de trabalho, contra o feminicídio, contra assédios e violências domésticas entre outros direitos, parece extemporâneo falar sobre casamento. Afinal, alguns poderiam dizer que o casamento sempre esteve associado a formas e modos de oprimir mulheres. A possibilidade de ser respeitada socialmente sem que isso esteja vinculado a qualquer ligação com um homem (pai, irmão, marido) também é parte das conquistas que as mulheres de muitas partes do mundo lograram.

O livro de Júlia Drummond desmonta essa tese e revela que, no caso das mulheres negras, a demanda por casamento, pode ser lida como parte da luta por reconhecimento de direitos básicos.

Não que todas as demais demandas não sejam essenciais para esse grupo social. O são. Sabemos (e Julia também discute esse aspecto) que as mulheres negras são as maiores vítimas de feminicídio e violência doméstica, as que recebem os piores salários, são vítimas de violência obstétrica entre outras formas de agressões e violações que merecem a atenção de todos e todas que lutam por justiça social.

Entretanto, no rol das lutas por reconhecimento, a primeira etapa a ser considerada é a da esfera familiar que garante às pessoas o direito à autoconfiança e à autoestima que se constroem a partir do cuidado emocional e do amor que se desenvolvem no seio das relações primárias na família, entre amigos e nas relações de afeto, de modo geral. Sem isso, qualquer pessoa tem privado o direito a se constituir como um sujeito capaz de lutar por seus próprios direitos em todas as outras esferas legais e sociais.

Isso não é pouca coisa.

Ao longo de seu livro, Júlia revela as inúmeras formas de exclusão de reconhecimento que afetaram as mulheres negras, ao longo de toda a história do Brasil, pela sobreposição e intersecção de diversas formas de opressões.

Desde os primórdios de nossa história, as leis escravistas não garantiam o direito a que as mulheres negras escravizadas ficassem com seus filhos e os amamentassem, no pós-abolição eram condenadas a perderem seus filhos por serem consideradas mulheres sem moral. Nos dias de hoje, verificamos que isso continua a ocorrer ao observar que a maioria das mulheres encarceradas são negras e que são apartadas de seus filhos, proibidas do direito a visitas íntimas (um direito que os homens possuem) para que não engravidem. Verificamos que pouca coisa mudou no sentido de garantir o direito dessas mulheres a terem uma família e a desenvolver dentro destas famílias uma afetividade saudável como mães, companheiras, esposas e filhas.

Cito Drummond:

> As mulheres negras, desde o período escravocrata, foram colocadas como sujeitos não merecedores de afeto, reservado às pessoas brancas: [...] A mulher negra e mestiça estariam fora do "mercado afetivo" e naturalizada no "mercado do sexo", da erotização, do trabalho doméstico, feminilizado e "escravizado"; em contraposição, as mulheres brancas seriam, nessas elaborações, pertencentes à "cultura do afetivo", do casamento, da união estável. (PACHECO, p. 25)

A autora indaga: "De que espécie(s) de família o legislador brasileiro trata? Quais as consequências dessa estruturação jurídica sobre a vida das mulheres negras?".

Página por página, Júlia Drummond responde a essas e a outras questões tornando seu livro único no sentido de ilustrar e explicar essa longa história de negação dos direitos e de desumanização das mulheres negras sem omitir a luta travada por elas para terem sua humanidade reconhecida e terem direito ao afeto.

Júlia demonstra que as mulheres negras são as que menos se casam no Brasil. Contrapondo esse dado com a observação de que o direito civil brasileiro se volta para a proteção de direitos de um modelo de mulher universal, torna-se evidente que não haja garantias para aquelas cujas identidades sociais são construídas pela intersecção de diferentes marcadores da diferença por serem negras, mulheres, muitas vezes pobres, lésbicas. Essas mulheres deveriam seguir o padrão canonizado pela família tradicional que, de todo modo, lhe foi negado consolidar ou constituir.

Diz a autora:

> Os operadores do direito permanecem impondo um modelo de família sacralizada pelo casamento, pois a própria disposição da união estável na Constituição assim está escrita: "Artigo 226, §3º Para efeito da proteção do Estado, é reconhecida a união estável entre o homem e a mulher como entidade familiar, devendo a lei facilitar sua conversão em casamento". Vale lembrar que até 1988, as uniões estáveis eram chamadas de concubinato, um termo pejorativo usado para designar famílias "ilegítimas", assim como concubina designava a "amante". E o papel de amante, num país racista como o Brasil, que permanece perpetuando estereótipos de raça e gênero, pode ter sido relegado ao longo dos anos às mulheres negras.

Daí a pergunta, mas essas mulheres desejariam ser mães? Como enxergariam o casamento na versão tradicional?

Drummond analisa entrevistas feitas por ela nas quais as mulheres negras, em sua maioria, respondem que pretendem se casar para formarem uma família, para construírem, um afeto e resguardarem direitos patrimoniais.

Não se deve, contudo, imaginar que esse desejo se assemelhe ao expresso nos contos de fadas nos quais as mulheres são salvas por um príncipe encantado.

A demanda pelo casamento deve ser lida, na pesquisa realizada por Júlia, como a luta por ser reconhecida como alguém que pode ser amada; e pela recusa em ocupar o lugar que a história e a sociedade brasileira têm reservado para as mulheres negras.

Júlia Drummond, por meio de suas entrevistas e análise histórica e bibliográfica, evidencia que não se deve reduzir as mulheres a um modelo universal que nega a diversidade. E ressalta que é essencial compreender de formas múltiplas as demandas feitas por mulheres diferentes.

Apontar o desejo de contrair casamento pode ser sim um exercício de feminismo, antirracismo e de luta por igualdade quando se trata das mulheres negras.

Gislene Aparecida dos Santos

É livre docente da Universidade de São Paulo, professora dos cursos de Gestão de Políticas Públicas na Escola de Artes, Ciências e Humanidades (EACH) e no Programa de Pós-graduação em Direitos Humanos da Faculdade de Direito (FD).
É pesquisadora do GEPPIS - Grupo de Estudos e Pesquisas das Políticas Públicas para a Inclusão Social e do Diversitas - Núcleo de Estudos das Diversidades, Intolerâncias e Conflitos.
Discute os temas ética e direitos humanos, estudos críticos do direito, estudos pós-coloniais e decoloniais, políticas públicas, inclusão social, vulnerabilidade social, diversidades, discriminação e racismo.

PREFÁCIO

A questão de afeto e amor, e especificamente casamento, é algo político para as mulheres negras. Há muitas reflexões sobre a solidão da mulher negra, e a ligação entre esta condição e o contexto do racismo-sexismo na história do Brasil e no Brasil contemporâneo. Como escreve Beatriz Nascimento em seu ensaio, "A Mulher Negra e o Amor": "Pode parecer estranho que tenhamos escolhido a condição amorosa e não sexual para nos refletir ao estado de ser mulher e preta no meu país. A escolha do tema funda-se em histórias de vida e na observação de aspectos da afetividade de mulher frente a complexidade das ligações heterossexuais" (2018, p. 353). Este livro traz contribuições importantes para nossas conversas sobre políticas de sexualidade, gênero, raça e cidadania no campo de estudos sobre as mulheres negras. Através de um exame da estrutura do direito brasileiro e sua exclusão das mulheres negras devido à suposição de que as mulheres brancas constituem a "mulher" universal, Julia Drummond nos traz de volta a debates fundamentais e importantes sobre interseccionalidade, respeitabilidade, e o enraizamento da hegemonia da branquitude patriarcal e heterossexista no sistema jurídico nas Américas. A interseccionalidade de racismo, sexismo e heterosexismo produz um impacto sutil e agudo da desigualdade estrutural nas mulheres negras. Como afirma Julia, a "própria criação das regras não se faz de maneira imparcial, e o uso da linguagem jurídica deve ser acessível a quem o direito se destina.". Ela elabora: "O não falar sobre o racismo e o sexismo presentes na maneira como se estrutura o Estado e a sociedade brasileiros é optar pela perpetuação de um status quo permeado pelo mito da democracia racial.".

Os argumentos de Julia invocam o trabalho do filósofo francês Louis Althusser, que argumenta que a família é uma extensão do aparato estatal dentro do modelo de estado ocidental e europeu. Althusser, baseado em Marx, argumenta que deveríamos entender o estado como tendo duas partes: repressiva e ideológica. O aparato estatal repressivo "'funciona pela violência' - pelo menos em última instância" (Althusser, 1971, p. 136). Ele contém "o governo, a administração, o exército, a polícia, os tribunais, as prisões etc." (Ibid.). O estado emprega a repressão para manter seus princípios de governo e garantir que os membros da sociedade os sigam. Nesse contexto, a lei não apenas reflete as ideologias estatais, mas também as produz ao representar a violência em certos órgãos, em determinados momentos e em determinados espaços, de maneira desigual, de acordo com a lógica da sociedade.

O Aparelho Repressivo do Estado, por definição, opera em conjunto com os Aparelhos Ideológicos do Estado - uma pluralidade de instituições que funcionam no domínio privado para produzir autoridade, que inclui a família (Ibid.). Para Althusser, o Estado funciona "tanto pela violência quanto pela ideologia" (1978, p. 138). Existe uma simbiose entre os dois e ambos servem para sustentar a classe dominante. O casamento é, dentro dessa estrutura, um aparato ideológico do estado. Por extensão, o que Julia demonstra é a maneira como o Aparelho Repressivo de Estado – ou seja o sistema jurídico Brasileiro - trabalha em conjunto com o Aparelho Ideológico de Estado do Casamento: a família nuclear europeia-ocidental.

Neste sentido, voltamos para as observações de Abdias do Nascimento, cujo livro sobre genocídio sugere que o casamento e as relações afetivas são uma das maneiras em que a democracia racial como ideologia do Estado brasileiro busca desestruturar a família negra com o fim de eliminar a população negra. Reconhecemos que as observações do Abdias do Nascimento são altamente sexistas e limitadas, mas podemos utilizar as teorizações de Lélia Gonzalez e Beatriz Nascimento para descontruir essas limitações e resgatar a ideia básica que a meta da supremacia branca e democracia racial é desconstruir a possibilidade da família negra, que é também a possibilidade da continuação do negro como ser.

Sua análise importante e crítica também invoca o trabalho de Carol Pateman (1988) e Charles Mills (1997), os quais sugerem que o contrato social definidor de nossa sociedade moderna é de fato um contrato de gênero e um contrato racial projetado para manter uma ordem social baseada no patriarcado e na supremacia branca. Assim, a lei - como manifestação escrita do contrato social - é ao mesmo tempo racializada e generificada, por definição. Isso é aparente no argumento de Julia. Como observa a autora: "um primeiro passo para a abordagem de questões jurídicas que envolvem mulheres deve reconhecer o silêncio da literatura jurídica sobre questões raciais e, principalmente, uma importância de entender que mulher não é sinônimo de mulher branca de classe média inserida numa família formada pelo matrimônio sagrado." (p. 57)

O uso da história da escravidão e da lei familiar por Julia para discutir a genealogia de raça / gênero / sexualidade nas leis brasileiras é fascinante e convincente, especificamente no que diz respeito à relação entre casamento, maternidade e respeitabilidade. Essas conversas invocam também o trabalho da historiadora negra norte-americana Evelyn Higginbotham, que em seu ensaio de 1992, "História das mulheres afro-americanas e a metalinguagem da raça", argumenta que a respeitabilidade tem sido uma estratégia de sobrevivência para as mulheres negras ao longo da história, principalmente porque nossa subjugação é baseada no status de mulher segundo os padrões de pureza e "respeitabilidade.".

A análise histórica e jurídica deste livro é uma contribuição importante para os campos de feminismo negro e estudos da mulher, estudos de raça e gênero em geral e estudos histórico-jurídicos. O livro traz data e intervenções importantes que oferecem novas críticas e perspectivas.

Christen Smith, Ph.D.

University of Texas at Austin

Althusser, Louis. 1971. *Lenin and Philosophy, and Other Essays*. London: New Left Books.

Gonzalez, Lélia. 2018. *Primaveira para as Rosas Negras: Lélia Gonzalez em primeira pessoa*. São Paulo: Editora Filhos da África.

Mills, Charles W. 1997. *The racial contract*. Ithaca: Cornell University Press

Nascimento, Beatriz. 2018. "A Mulher Negra e o Amor" em Beatriz Nascimento: Quilombola e Intelectual, Possibilidade nos Dias da Destruição. São Paulo: Editora Filhos da África.

Pateman, Carole. 1988. *The sexual contract*. Stanford, Calif.: Stanford University Press.

INTRODUÇÃO

O tema desenvolvido no presente livro foi **Casamento e Mulheres Negras:** Leis versus Demandas.

Pode-se dizer que o direito civil brasileiro e, mais especificamente, o Direito de Família, sofreu grande influência do direito civil alemão e francês. A influência de tais sistemas jurídicos dá um panorama geral sobre a formação do Estado brasileiro e da maneira como este impõe e regula a vida em sociedade, com base na ideia de Estado moderno liberal, de moldes capitalistas, e posterior absorção da influência do direito internacional público, introduzindo-se concepções de direitos humanos a relativizar o caráter absoluto dos direitos de liberdade.

Com a introdução da mão de obra negra escravizada massivamente a partir da metade do século XVI, tem-se na história brasileira um desenrolar de mais de 300 (trezentos) anos de escravização dos negros e das negras oriundos de diversas etnias e culturas da África.[1]

Tal condição não perdurou por tamanho período sem deixar consequências, isso em se tomando a abolição da escravatura em 1888 como marco jurídico. Dentre os diversos resultados negativos para os negros que podem ser apontados, tem-se a perpetuação de estereótipos de raça e gênero que atingem a mulher negra brasileira até os dias atuais.

A partir do fim do século XIX, introduziram-se no Brasil as teses eugênicas, destacando-se Nina Rodrigues,[2] médico abertamente seguidor das ideias de Cesare Lombroso. Tais teses foram desenvolvidas e aplicadas por estudiosos das Faculdades Paulistas de Medicina e Direito. Inicialmente praticadas buscando extirpar negros e mestiços do Brasil, optou-se por se defender uma política de branqueamento da população brasileira,[3] por motivos de ordem prática, como expõe Lilia Schwarcz, uma vez que a população mestiça era cada vez mais

---

1 SCHWARCZ, Lilia M.; STARLING, Heloisa M. **Brasil:** Uma Biografia. São Paulo: Companhia das Letras, 2015.

2 SCHWARCZ, Lilia M. **O espetáculo das raças**. São Paulo: Companhia das Letras, 1993.

3 LACERDA, João Batista. Sobre os mestiços no Brasil. Trad. Eduardo Dimitrov, Íris Morais Araújo e Rafaela de Andrade Deiab do artigo "Surlemétisau Brésil", publicado em *Premier Congrès Universel dês Races*: 26-29 Juillet. Paris: Imprimérie Devouge, 1911.

crescente, acreditando-se que, sendo superior, a raça[4] branca prevaleceria sobre a negra e a mestiça.[5]

A partir de uma política migratória racista e do ideal de branqueamento da população brasileira somados aos mitos perpetuados por séculos de escravidão, estabeleceu-se na academia e no imaginário popular a ideia do negro como ser biologicamente inferior.

Sobre o mito negro, Neusa Santos Sousa assim dispõe:

> Enquanto produto econômico-político-pedagógico, o mito é um conjunto de representações que expressa e oculta uma ordem de produção de bens de dominação e doutrinação.
>
> Enquanto produto psíquico, o mito resulta de um certo modo de funcionamento do psiquismo em que predomina o processo primário, o princípio do prazer e a ordem do imaginário. [...]
>
> Incrustado em nossa formação social, matriz constitutiva do superego de pais e filhos, o mito negro, na plenitude de sua contingência, se impõe como desafio a todo negro que recusa o destino da submissão. [...]
>
> O irracional, o feio, o ruim, o sujo, o sensitivo, o superpotente e o exótico são as principais figuras representativas do mito negro. Cada uma delas se expressa através de falas características, portadoras de uma mensagem ideológica que busca afirmar a linearidade da "natureza negra" enquanto rejeita a contradição, a política e a história em suas múltiplas determinações.[6]

Entretanto, a partir dos anos 1930, houve sinais de positivação (no sentido de associar-se a uma imagem positiva) da ideia de mestiçagem, muito em consequência da obra de Gilberto Freyre, **Casa Grande e Senzala**.[7]

Disso decorre que, com a introdução do mito da democracia racial no Brasil, romantizam-se as relações entre senhores e mulheres negras escravizadas, ignorando-se toda a subordinação a que estas estavam submetidas ao longo desse período histórico.

Criaram-se ou foram reafirmados mitos em torno da mulher negra, como o da "branca pra casar, mulata pra foder, negra pra trabalhar", o da "mulata

---

4 Adota-se neste trecho o conceito de raça retirado do contexto da época, quando se acreditava na existência de diferenças biológicas relevante entre brancos, negros e mestiços.

5 SCHWARCZ, Lilia M. Usos e Abusos da Mestiçagem e da Raça no Brasil: uma história das teorias raciais em finais do século XIX. **Afro-Ásia**, Salvador, n. 18, pp. 77-101, 1996.

6 SOUSA, Neusa Santos. **Tornar-se Negro**: as vicissitudes da identidade do negro brasileiro em ascensão social. Rio de Janeiro: Edições Graal, 1983, pp. 25-28.

7 SCHWARCZ, Op. Cit., 1996.

tipo exportação", dentre outros que, por vezes são considerados elogios à negritude, mas escondem a desumanização do negro e, nesse caso, da mulher negra, em contraposição ao branco, tido como modelo a ser seguido.[8]

Assim, considerando que o mito da democracia racial ainda impera nas relações sociais brasileiras, e nas relações afetivas não seria diferente, tem-se outra questão importante a ser abordada: a da "solidão" da mulher negra.

De acordo com dados do censo do Instituto Brasileiro de Geografia e Estatística de 2010, 70% (setenta por cento) da população brasileira tem relacionamentos amorosos com pessoas do mesmo grupo de cor ou raça.[9] O estudo aponta que a maioria dos brancos (69,3%) se une a pessoas do mesmo grupo de cor ou raça. Entre os pretos, menos da metade da população (45,1%) tem relacionamentos com indivíduos da mesma cor.

A partir de estatísticas tão alarmantes, alguns estudos foram desenvolvidos nas Ciências Sociais brasileiras, como a tese de doutorado de Ana Cláudia Lemos Pacheco,[10] que se tornou o livro **Mulher Negra: Afetividade e Solidão**, e a dissertação de mestrado de Claudete Alves da Silva Souza,[11] denominada **A solidão da mulher negra – sua subjetividade e seu preterimento pelo homem negro na cidade de São Paulo**.

Entretanto, estudos sobre a afetividade da mulher negra não são recentes. Autoras negras e ativistas norte-americanas como bell hooks[12] e Patricia Hill Collins[13] já tratam dessa questão há algumas décadas e as suas conclusões podem ser de grande contribuição para a realidade

---

8 SOUSA, Op. Cit., 1983.

9 ANDRADE, Hanrrikson de. "Cerca de 70% dos brancos se relacionam com pessoas da mesma cor, aponta IBGE". **UOL Notícias,** São Paulo, out. 2017. Disponível em: <http://noticias.uol.com.br/cotidiano/ultimas-noticias/2012/10/17/estudo-do-ibge-mostra-que-cerca-de-70-dos-brancos-se-relacionam-com-pessoas-da-mesma-cor.htm>. Acesso em: 04 out. 2015.

10 PACHECO, Ana Cláudia Lemos. **Mulher Negra:** Afetividade e Solidão. Salvador: Edufba, 2013.

11 SOUZA, Claudete Alves da Silva. **A solidão da mulher negra** – sua subjetividade e seu preterimento pelo homem negro na cidade de São Paulo. Dissertação (Mestrado em Sociologia) – Pontifícia Universidade Católica, São Paulo, 2008. Disponível em: <http://www.dominiopublico.gov.br/pesquisa/DetalheObraForm.do?select_action=&co_obra=106750>. Acesso em: 4 out. 2015.

12 HOOKS, bell. **Ain't I a Woman:** Black Women and Feminism. London: Pluto Press, 1982.

13 COLLINS, Patricia Hill. **Black Feminist Thought:** Knowledge, Counsciousness, and the Politics of Empowerment. 2ª ed. New York: Routledge, 2000.

social brasileira, principalmente se levada em conta a incidência de estereótipos negativos sobre a imagem da mulher negra naquele país.

A partir da constatação de que mulheres negras são as que menos se casam no Brasil e de que o direito brasileiro a partir do século XIX, com a abolição jurídica da escravidão e a Proclamação da República, permanece reproduzindo o modelo de ordenamento jurídico europeu ocidental, indaga-se: de que maneira se estruturou positivamente as regras do direito de família no Direito Civil brasileiro? De que espécie(s) de família o legislador brasileiro trata? Quais as consequências dessa estruturação jurídica sobre a vida das mulheres negras?

O direito não se furta desse tipo de entendimento. Basta uma simples leitura do Código Civil em vigor atualmente – Lei nº 10.406/2002 – para que se perceba quantos dispositivos do Livro IV ("Do Direito de Família") são dedicados à instituição do casamento.[14]

Assim, tomando-se como base o fato de no Brasil ter vigorado mais de 300 (trezentos) anos de regime de mão de obra escrava, um período de implantação de políticas públicas das teses eugênicas, quebra (parcial) das referidas teses pelo mito da democracia racial, perpetuação de estereótipos de raça e gênero em relação à mulher negra e uma legislação de Direito Civil que tende a hierarquizar as espécies de família, priorizando o casamento, desenvolvi a presente dissertação de mestrado, trabalhada em torno do seguinte problema: de que maneira as regras do casamento e do Direito de Família em geral influenciaram e influenciam a vida das mulheres negras nos dias atuais?

A pesquisa do tema proposto se justifica diante do confronto entre a realidade racial brasileira e a abordagem teórica do direito de família na academia, além da prática no âmbito dos tribunais e do dia a dia das mulheres negras.

O direito, enquanto campo de estudos dominado quase que apenas pelos seus operadores, deve se abrir para as possíveis consequências da sua aplicação. Além do mais, a própria criação das regras não se faz de maneira imparcial, e o uso da linguagem jurídica deve ser acessível a quem o direito se destina.

A realidade social das mulheres negras no Brasil é dura, considerando não apenas a questão da afetividade, mas também das condições de trabalho, educação e renda. A necessidade de abordagem pela academia

---

14 DIAS, Maria Berenice Dias. **Manual do Direito das Famílias**. 7ª ed. São Paulo: Revista dos Tribunais, 2010.

e, mais ainda, pelo direito, é premente, pois não há uma cultura nos cursos de direito em tratar de temas tão caros ao cotidiano de cidadãos e cidadãs com recorte de raça e gênero.

O não falar sobre o racismo e o sexismo presentes na maneira como se estrutura o Estado e a sociedade brasileiros é optar pela perpetuação de um *status quo* permeado pelo mito da democracia racial.

Com a presente pesquisa, busquei reconstruir o histórico da legislação civil brasileira, mas dessa vez com enfoque específico em como essa construção afeta a vida das mulheres negras atualmente. Dessa forma, procurei reavaliar de que maneira o Direito Civil e, mais especificamente, o Direito de Família, contribui (ou não) para a garantia da dignidade da pessoa humana de mulheres negras, seja pela possível negligência, seja pela perpetuação de privilégios da população branca ou não negra.

Para realizar a pesquisa, tracei como objetivo geral investigar de que maneira as mulheres negras são protegidas, ou não, pelo Direito de Família brasileiro, considerando-se as suas especificidades enquanto grupo racial e de gênero historicamente oprimido e a formação jus positiva brasileira com base no direito (e, portanto, em suas estruturas sociais) europeu-ocidental. Como objetivos específicos, busquei traçar o histórico da positivação do direito civil brasileiro, com enfoque no Direito de Família, de maneira a identificar quais foram as influências de outros ordenamentos jurídicos e de outros modelos de sociedade na estruturação do nosso próprio ordenamento, e avaliar, por meio de levantamento bibliográfico e empírico, como se constituem as relações afetivas da mulher negra atualmente, averiguando quais as suas demandas familiares atuais e a qualidade do seu acesso à Justiça.

No capítulo 1, denominado "As mulheres negras brasileiras", explico porque falar especificamente de mulheres negras. Trago uma perspectiva histórica geral, focando em estudos históricos sobre as mulheres negras do pós-abolição ao século XX, e a imagem do negro no Brasil, forjada a partir do racismo científico, das políticas de embranquecimento da população e do ainda vigente mito da democracia racial. Finalizo contextualizando a discussão teórica sobre a afetividade e a solidão da mulher negra no mercado afetivo.

No capítulo 2 – "A situação jurídica da 'mulher' no Direito de Família: de 1916 a 2019" –, faço uma breve crítica às abordagens universalizantes sobre as mulheres nos textos doutrinários, passando para a análise das principais alterações legislativas no campo em estudo, com enfoque na mudança de paradigma jurídico do patrimônio ao afeto, e nas novas configurações familiares, cujos arranjos, em muitos casos, já existiam, sendo apenas recentemente reconhecidos pelo Estado. Finalizo com dados sobre a judicialização dos conflitos familiares nas regiões central e periférica da cidade de São Paulo.

No capítulo 3, detalho o problema de pesquisa, preparando a leitura para a análise de dados feita a seguir.

Finalmente, no capítulo 4, chamado "Leis *versus* Demandas: Perguntando às Mulheres Negras", explico a metodologia da pesquisa empírica desenvolvida, informando o tipo de pesquisa, o método da coleta de dados e a seleção dos sujeitos investigados. Em seguida, analiso as respostas obtidas através de análise de conteúdo, classificando-as em "Seção 1: Família" e "Seção 2: Acesso à Justiça".

Concluo que o problema de pesquisa – investigar de que maneira as mulheres negras são protegidas, ou não, pelo Direito de Família brasileiro, considerando-se as suas especificidades enquanto grupo racial e de gênero historicamente oprimido e a formação jus positiva brasileira com base no direito (e, portanto, em suas estruturas sociais) europeu-ocidental – foi respondido em parte, de modo que não tenho como apresentar uma conclusão definitiva para essa questão. O que fiz, desse modo, foi entender em que pé estão as expectativas familiares das mulheres negras dentro da amostra investigada, assim como de avaliar o seu acesso à Justiça.

Surgiram especificidades em relação às mulheres negras, como o desejo de contrair matrimônio pelo seu significado simbólico e pelo resguardo de direitos, mas também tendências de desinstitucionalização das uniões, a partir do questionamento do casamento enquanto instituição e mesmo de relações afetivas em relação à liberdade feminina. O desejo de ter filhos, por sua vez, apesar de se manifestar de forma majoritária, seja pelo desejo de ser mãe, seja pelo amor às crianças, foi sopesado com o receio do racismo e dos efeitos da conjuntura política em crianças negras, além do desejo de se priorizar enquanto indivíduo.

Não foram apontados grandes entraves ao acesso à Justiça, em geral, mas reporto ser necessário aprofundamento neste ponto para entender as variáveis que ficaram em aberto sobre os temas que originaram as ações judiciais e o que se espera dos processos.

1. AS MULHERES NEGRAS BRASILEIRAS

1.1. POR QUE FALAR ESPECIFICAMENTE DE MULHERES NEGRAS?

Quando pensamos em leis, normalmente nos vem à mente sujeitos abstratos aos quais as normas devem se aplicar indistintamente. Considerando o princípio da igualdade formal, segundo o qual todos são iguais perante a lei (art. 5º, *caput*, da Constituição Federal), esse pensamento até que faz sentido. Entretanto, a prática forense nos mostra que a sociedade não é formada pelo homem médio – o *bonus pater familias* –, mas sim por pessoas reais, classificadas em grupos sociais em decorrência de diversos marcadores que as diferenciam.

Nesse sentido, esse trabalho faz o devido recorte de gênero e raça para que possamos entender de que maneira as mulheres negras se encontram inseridas na sociedade brasileira e de que forma vivenciam a aplicação de uma legislação pensada para as elites brancas e seus descendentes.

Assim, trago, neste capítulo, elementos históricos sobre as mulheres negras no período pós-abolição, passando pelo racismo científico, que fundamentou as políticas de embranquecimento da população, chegando ao mito da democracia racial introduzido principalmente por Gilberto Freyre.

A organização dos tópicos foi pensada para justificar a abordagem jurídica de um grupo populacional específico e para explicar a necessidade do referido recorte, considerando, como dito, o usual tratamento das leis como normas gerais e abstratas.

1.1.1. PERSPECTIVA HISTÓRICA: MULHERES NEGRAS DA PÓS-ABOLIÇÃO AO SÉCULO XX

Quem eram as mulheres negras de fins do século XIX e início do século XX? Existe resposta "certa" para esta pergunta? Qual a finalidade da pergunta? A História é uma disciplina essencial para qualquer pesquisa sobre sociedade, para que tracemos e questionemos os caminhos percorridos pelos sujeitos no tempo. Contudo, não pretendo falar por todas as mulheres negras que viveram no período analisado, tampouco esta é a pretensão dos historiadores. Busco, sim, através das referências lidas, entender algumas das histórias destas mulheres, além de verificar comportamentos e dados da época.

Marcelo Paixão e Flávio Gomes[15] chamam a atenção para a falta de estudos específicos sobre mulheres negras no período, principalmente a partir de fontes que relatem a versão dos fatos pelo ponto de vista das mulheres, não de juízes, senhores ou autoridades em geral. Os estudos que existem são recentes, tendo se desenvolvido nos últimos 30 anos.

Dentre tais estudos, podemos apontar para pesquisas sobre maternidade, trabalho e religião.[16] Há fontes históricas ricas, como testamentos deixados por libertas e processos judiciais de disputa de tutela sobre os próprios filhos, que revelam verdadeira agência de mulheres negras, libertas ou escravizadas, ao contrário da narrativa costumeira de passividade e salvação pelas elites brancas letradas.

Sobre maternidade, Marília Ariza[17] inicia o primeiro capítulo de sua tese de doutorado com o trecho de uma petição feita por Luiz Gama em defesa da manutenção da guarda de Maria do Carmo em favor de sua mãe, Sophia Sant'Anna Gavião, denunciando, ainda, a prática da tutela dos filhos de pessoas pobres para a exploração de mão de obra barata por senhores ricos na pós-abolição. A regulação deste tipo de tutela, além das soldadas, à época, entre meados e fim do século XIX, era feita pelas Ordenações Filipinas, uma vez que o primeiro Código Civil Brasileiro fora promulgado apenas em 1916. Os institutos ora referidos, além de previstos em lei, eram associados também ao discurso hegemônico à época de que as crianças pobres tinham necessidade de serem educadas

---

15 PAIXÃO, Marcelo; GOMES, Flávio. Histórias das diferenças e das desigualdades revisitadas: notas sobre gênero, escravidão, raça e pós emancipação. In: XAVIER, Giovana.; FARIAS, Juliana Barreto; GOMES, Flávio. (org.). **Mulheres negras no Brasil escravista e do pós-emancipação**. São Paulo: Summus/Selo Negro, 2012.

16 Ver ARIZA, Marília. **Mães infames, rebentos venturosos:** mulheres e crianças, trabalho e emancipação em São Paulo (Século XIX). Tese (Doutorado em História) – Faculdade de Filosofia, Letras e Ciências Humanas, Universidade de São Paulo, 2017; SOUZA, Flavia Fernandes. Escravas do lar: as mulheres negras e o trabalho doméstico na Corte Imperial. In: XAVIER, Giovana; FARIAS, Juliana Barreto; GOMES, Flavio (org.). **Mulheres negras no Brasil escravista e do pós emancipação**. São Paulo: Summus/Selo Negro, 2012; FARIAS, Juliana Barreto. De escrava a dona: a trajetória da africana mina Emília Soares do Patrocínio no Rio de Janeiro do século XIX. **Locus**, Juiz de Fora, v. 18, n. 2, pp. 13-40, 2013; CASTILLO, Lisa Earl; PARÉS, Nicolau. Marcelina da Silva e seu mundo: novos dados para a historiografia do candomblé Ketu. **Afro-Ásia**, Salvador, n. 36, pp. 111-151, 2007.

17 ARIZA, Op. Cit., 2017.

para o trabalho livre e à ideia de depravação moral de suas mães – em geral, solteiras ou em relacionamentos considerados ilegítimos.[18]

As Ordenações Filipinas previam a incapacidade civil das mulheres solteiras para cuidar dos seus próprios filhos, o que não melhorou com o advento do Decreto nº 181, de 24 de janeiro de 1890, o qual veio para regular o casamento. Tal decreto garantiu a tutela dos filhos apenas às mulheres legitimamente casadas.

Havia também uma contradição fundamental sobre a maternidade na escravidão: apesar da vigência do princípio *partus sequitur ventrem*, que garantia a continuidade da "propriedade"[19] escrava por meio da transmissão do *status* civil das mães para seus filhos, estes poderiam ser vendidos separadamente se assim seus "donos" quisessem. Havia, ainda, outros entraves ao exercício da maternidade por essas mulheres, como o rápido retorno ao trabalho após o parto ou a função de ama de leite, a qual poderia obrigá-las a negligenciar seus próprios filhos em favor dos filhos dos senhores.[20]

Ariza segue o texto relatando a brecha aberta pela Lei do Ventre Livre, de 1871, a qual permitiu reclamações judiciais de alforria para mães e filhos por meio de ações de liberdade, criando embates judiciais entre o direito natural à liberdade e o direito positivo à propriedade. Assim, nas palavras da autora: "Para essas mulheres, portanto, a experiência da maternidade encontrava-se quase plenamente interditada pela existência da escravidão e seu legado".[21]

A autora se propõe, a seguir, a pensar a importância das representações normativas e práticas populares da maternidade em relação ao envolvimento de crianças e jovens nas dinâmicas de trabalho urbano, considerando, dentre outros elementos, os estigmas sofridos por mães sós, livres, pobres, libertas e cativas. Nas suas palavras:

> As definições simbólicas da maternidade correta e desejável, opostas ao modo de vida das mães pobres e chefes de família, passaram diante das pressões da emancipação por ressignificações que acompanharam a progressiva formalização da arregimentação de trabalhadores menores de idade. Recompor este percurso de representações e práticas maternas, ao

---

18 Ibid.

19 Aqui incluo as palavras "propriedade" e "donos" entre aspas por me recusar a normalizar a condição de coisa a que o Direito à época tentou reduzir as pessoas escravizadas.

20 Ibid.

21 Ibid., p. 38.

longo do século XIX, será o ponto de partida desta tese para entender o papel de mães e filhos pobres nos quadros das transformações do trabalho, no arco das emancipações.[22]

Tratando do patriarcalismo brasileiro no passado colonial brasileiro, Nathalie Itaboraí expõe conclusões condizentes com aquelas trazidas por Ariza e mais algumas informações. De fato, para a autora, no período indicado, eram frequentes os concubinatos e a matrifocalidade nas camadas inferiores, em razão, dentre outros fatores, da mobilidade dos homens não vivenciada pelas mulheres. Entretanto, isso não significava a inexistência de casamento entre pessoas escravizadas. Nas suas palavras:

> Embora pesquisas indiquem a existência de famílias escravas relativamente estáveis (SLENES, 1999), a população escrava – cujo direito de casar era assegurado – sofria as limitações impostas pelos senhores, os quais não viam vantagem em casá-los. As dificuldades para que os escravos se casassem mostravam-se ainda maiores quando se leva em conta que a burocracia da Igreja não era diferente para os escravos, para quem era ainda mais difícil conseguir as certidões necessárias. Não obstante, estudos mostram a existência não pouco frequente de casamentos entre escravos. Slenes (1994), por exemplo, ao estudar Campinas por volta de 1872-3, mostra que nas plantações com maior número de escravos era alto o índice de escravas casadas e cujos filhos legítimos viviam com ambos os pais. A situação não era a mesma nas pequenas plantações, e para os homens, dada a desproporção entre os sexos (com expressiva predominância de homens) no tráfico negreiro.[23]

De qualquer modo, quando fazemos o recorte regional para a cidade de São Paulo, vê-se uma população urbana com alto índice de lares chefiados por mulheres, num contexto social de desvalorização do trabalho feminino e defesa do recato da mulher, que deveria exercer somente os cuidados da casa e da família.

Ainda no século XIX, mas na cidade do Rio de Janeiro, capital do Império, Flávia Fernandes de Souza[24] relata a predominância do trabalho doméstico entre as pessoas escravizadas e, dentro desse grupo, a presença majoritária de mulheres. De acordo com os dados do Recenseamento do Império do Brasil de 1872, do total de 48.939 escravos na cidade do Rio de Janeiro, 46,67% eram domésticos e, destes,

---

22 Ibid., p. 40.

23 Ibid., p. 130-131.

24 SOUZA, Flavia Fernandes de. Escravas do lar: as mulheres negras e o trabalho doméstico na Corte Imperial. In: XAVIER, Giovana; FARIAS, Juliana Barreto; GOMES, Flávio (org.). **Mulheres negras no Brasil escravista e do pós-emancipação**. São Paulo: Selo Negro, 2012.

62,09% eram do sexo feminino. Tal fato decorre da aversão ao trabalho manual apresentada pela sociedade escravista, assim como do modo de construção da economia no período colonial. Ademais, esse tipo de trabalho não se limitava aos afazeres domésticos, mas também incluía atividades ligadas à economia familiar, como "alimentação, vestuário, fabricação de equipamentos e utensílios para o trabalho".[25] Além disso, ter muitos escravos domésticos era sinal de riqueza, de status social.

O ajuizamento de demandas por tutelas e soldadas foram comuns entre as décadas de 1880 e 1890, promovidas por pessoas como empregadores da cidade de São Paulo a fim de oferecer a crianças e jovens, muitas vezes egressos da escravidão, educação de acordo com os "bons costumes" da época. Para tanto, faziam alusão à pobreza material das mães, ao fato de serem solteiras ou viverem em uniões consideradas ilegítimas ou ao seu comportamento sexual, contrário a moral burguesa em voga.

Em geral, tratava-se de mães desacompanhadas do pai, mas não necessariamente solitárias – uma vez que poderiam contar com uma rede de solidariedade não normativa. Nas palavras de Ariza:

> Mais do que a vida em plena solidão, portanto, a condição de "mulheres sós" correspondia às circunstâncias daquelas que, desprovidas da representação legitimadora do marido, do reforço moral do casamento, ou mesmo da 'proteção' informal de uma figura masculina, improvisavam e engendravam autônoma e cotidianamente sua subsistência.[26]

Analisando autos judiciais do Juízo de Órfãos de São Paulo, a autora observou que a pecha de mulheres inaptas ao exercício da maternidade associada a essas mães libertas, pobres e solteiras, é anterior às décadas finais do século XIX, por serem mulheres de vida pública, além de viverem de maneira contrária à moralidade cristã. Após 1850, as petições se aprofundam na caracterização destas mães como pessoas reprováveis. Ariza apresenta o caso de Ermelinda Maria de Menezes, de 1855, a qual, assim como diversas outras mães, teve a sua vida sexual julgada de maneira a favorecer o pleiteante à tutela de suas filhas, tendo sido considerada inapropriada, dentre outros motivos, por não ter mais a companhia de seu marido, que morrera.

A vida pública que tanto causava julgamentos morais estava ligada ao trabalho exercido por mulheres negras, escravizadas ou libertas.

---

25 Ibid., p. 245.

26 ARIZA, Op. Cit., 2017, p. 42.

Souza[27] nos alerta que nem todas estas trabalhadoras serviam as casas de seus senhores, sendo por vezes colocadas "ao ganho" ou alugadas. Os escravos de ganho trabalhavam fora, pagando diárias aos senhores. Por sua vez, aqueles alugados prestavam serviços a terceiros, que remuneravam seus senhores.

A segunda metade do século XIX foi um período de aumento da locação de pessoas, ante a proibição do tráfico escravista. De acordo com Souza,[28] "ao que tudo indica, nesse momento começou a se estabelecer socialmente uma relação direta entre o trabalho doméstico e a prática do aluguel". Havia também muitas agências ou "casas de comissão", responsáveis por intermediar os negócios entre quem precisava alugar e quem oferecia o aluguel de mão de obra escrava. Em fins da escravidão, tais agências passaram a agenciar também trabalhadores livres, tendo funcionado até o fim do século XIX.

Também na segunda metade do século XIX, segundo a autora, as mulheres livres já superavam as escravas no serviço doméstico, conforme dados do Recenseamento de 1872 para o Município Neutro – Rio de Janeiro, de modo que 63,12% das mulheres trabalhadoras domésticas eram livres. Também nesse período, a maior parte do trabalho feminino remunerado era doméstico, correspondendo a 70% à época.

O trabalho doméstico realmente predominava entre as mulheres e, nesse sentido, Souza traz dados dos recenseamentos gerais de 1890 e 1906, segundo os quais:

> [...] os dados apresentados para a categoria "serviço doméstico", na então capital federal, eram bastante altos quando comparados com outros setores. Desse modo, nesses censos realizados já no período pós-abolição, o percentual relativo ao universo dos servidores domésticos compreendia cerca de 14% da população trabalhadora contabilizada e classificada em diferentes campos ocupacionais, percentual este que era superior aos apresentados por outros setores que reuniam também grandes contingentes de trabalhadores, como o das "manufaturas" e o do "comércio". Os números correspondentes ao trabalho doméstico só ficavam atrás dos registrados nas vagas denominações das categorias dos "sem profissão" ou das ocupações "mal definidas" ou "desconhecidas".[29]

A autora nos traz, ainda, estatísticas raciais da população trabalhadora do Rio de Janeiro de fins do século XIX, constatando que o trabalho

---

27 SOUZA, Op. Cit., 2012.

28 Ibid., p. 247.

29 Ibid., p. 251.

doméstico era basicamente realizado por mulheres negras e pardas. O recenseamento de 1890 revela que, dos 74.785 trabalhadores domésticos à época, 52,75% fora classificada como negros e mestiços. A fonte nos traz dados interessantes que podem indicar o elemento racial no trabalho doméstico já no século XIX. Mesmo porque, após a abolição, diante da falta de melhores oportunidades no mercado de trabalho, grande parte das mulheres libertas também exerceu o trabalho doméstico, nos moldes da locação de serviço. Além da falta de oportunidades, a inserção das mulheres livres nesse tipo de trabalho tem relação com atividades consideradas tipicamente femininas, as quais já eram de fato realizadas por essas mulheres, de acordo com Souza.

Crianças e idosas não eram poupadas do trabalho, já que, no pensamento escravista colonial, não poderiam existir "cargas inúteis", sendo consideradas mão de obra barata e, por isso, preferíveis para muitos empregadores.[30]

No que tange às atividades realizadas no serviço doméstico, estas eram costumeiramente classificadas em "porta adentro" – exercidas dentro das casas – e "porta afora" ou "serviço de rua", ocorridos, portanto, fora dos lares, o que não significa que a divisão fosse sempre respeitada. Muitas trabalhadoras cumulavam diversas tarefas, como as lavadeiras, as engomadeiras e as passadeiras, dentre outras, as quais poderiam trabalhar no espaço público ou internamente às casas.[31]

Disso decorre que, ao menos no Rio de Janeiro da segunda metade do século XIX, as mulheres negras, escravas ou libertas, trabalhavam majoritariamente em atividades domésticas, as quais poderiam ser "porta adentro" ou "porta afora", eram privadas do exercício pleno da maternidade e julgadas como imorais por não compor o modelo burguês de recato doméstico e sexual.

Assim, voltando às disputas destas mulheres contra os pleiteantes a tutelas e soldadas, analisadas por Souza, tachavam-se de prostituição quaisquer comportamentos sexuais desviantes da norma, ainda que as mulheres não vendessem seu corpo de fato, e usavam-se tais condutas ou condições, como ser solteira ou viver em união consensual, para fortalecer o discurso da necessidade de tutela das crianças. A criação dos próprios filhos por mulheres consideradas imorais seria uma ameaça ao projeto nacional e republicano, de valores cristãos e burgueses, portanto os estigmas sofridos por mulheres que não se en-

---

30 Ibid.

31 Ibid.

CASAMENTO E MULHERES NEGRAS – Leis *versus* Demandas

quadravam no estereótipo da mulher branca, pura, recatada e reclusa em casa, responsável por cuidar dos filhos da nação, contribuíam, em fins do século XIX, para a consolidação da exploração de mão de obra infantil e barata pelos pleiteantes às tutelas e soldadas.[32]

Ao discurso normativo moral somava-se ideias científicas e biologizantes da maternidade, o qual repercutiu na construção da legislação republicana civil e criminal. Como explica Ariza:

> À natureza colonial eminentemente religiosa do papel materno colar-se-ia, paulatinamente, a ideia de uma natureza propriamente biológica e essencialmente feminina, bem aos moldes das veleidades científicas de autoridades médicas e jurídicas do final do século.
>
> [...]
>
> Do ponto de vista jurídico, os debates sobre a formulação das leis emancipacionistas e, no pós-abolição, sobre a elaboração de códigos civis e criminais que espelhassem os modernos valores republicanos, implicavam o controle sobre os elementos sociais perigosos e disfuncionais produzidos pela pobreza e legados pela escravidão – entre os quais se destacavam as crianças e, por conseguinte, suas mães.[33]

Às mulheres pobres, negras e egressas da escravidão fora reservado um tratamento diferenciado por não seguirem as normas sociais de conduta familiar, ainda que o seu comportamento, que envolvia a participação na vida pública por meio do trabalho, tenha sido valorizado pela elite brasileira com a vinda da família real, em 1808. As mulheres da elite passaram a frequentar bailes, passeios em avenidas, confeitarias, cafés e restaurantes, uma vez que o desenvolvimento urbano do Rio de Janeiro estimulava esse tipo de interação.[34]

A norma familiar burguesa envolvia o apreço pela contenção e disciplina dos hábitos, assim como a preservação dos papéis de cada membro da família, composta por marido, esposa e filhos. Esse período coincide, como dito, com a ascensão do discurso cientificista e a introdução da puericultura e da pediatria, em 1870, na Faculdade de Medicina do Rio de Janeiro.[35]

Desenvolveram-se também discursos jurídicos baseados em teorias criminológicas que colocavam bastante peso na infância enquanto for-

---

32 ARIZA, Op. Cit., 2017.

33 Ibid., p. 48.

34 ITABORAÍ, Op. Cit., 2017.

35 ARIZA, Op. Cit., 2017.

madora da vida social, de modo que o progresso só viria a partir do disciplinamento do trabalho infantil e do controle de seus hábitos.

No que se refere à influência da raça na estigmatização das mães processadas, Ariza aponta a maior frequência com que perdiam a guarda dos filhos. Em geral, tratavam-se de mulheres egressas da escravidão e identificadas nos autos analisados como "pretas", "pardas", "escuras" etc. Na pesquisa realizada pela autora, constatou-se que mais da metade dos casos investigados eram de mulheres afrodescendentes e ligadas de alguma forma à exploração escravocrata.

As mulheres egressas da escravidão iam de encontro à norma da mulher branca e burguesa, e tal característica, associada aos estereótipos aplicados, eram usados judicialmente como justificativa para a concessão das tutelas e soldadas. Para Ariza:

> Vistas como insubordinadas, turbulentas, donas de comportamento irregular, distanciavam-se grandemente do modelo de domesticidade e docilidade feminina e materna vigorosos naquelas décadas. Não fosse o bastante, as mulheres libertas eram, no ocaso da escravidão, o símbolo vivo da herança nociva do cativeiro, que seria preservada em seus filhos, caso fossem por elas educados – como suas mães, os menores tornar-se-iam trabalhadores livres da pior espécie: indisciplinados e indignos de confiança.[36]

Somavam-se às alegações de incapacidade moral de educar os filhos a privação material.

A autora trata, ainda, da desnecessidade de prova das alegações dos delatores sobre o comportamento das mulheres caracterizadas como mães impróprias.

Desse modo, fica evidente o uso do controle da sexualidade feminina para retirar-lhes seus filhos, cujo trabalho seria explorado por pessoas consideradas de reputação ilibada. Conclui o assunto com a seguinte análise, a partir dos autos judiciais e jornais examinados:

> Numa cidade massivamente povoada por mulheres pobres, como foi a São Paulo da maior parte do século XIX, as experiências cotidianas de mulheres sós, chefes de família, eram constantemente colocadas em xeque por normatividades alheias às suas sociabilidades e estratégias de sobrevivência. No ápice das tensões em torno da abolição e de seus desdobramentos, concepções revigoradas sobre a família e o devir feminino, misturadas ao cientificismo que vicejava amplamente entre a intelectualidade brasileira da época, eram elevadas a um novo patamar de importância. Integrando-se às narrativas do progresso, as representações da maternidade saneada e

---

36 Ibid., p. 56.

burguesa instrumentalizaram a operação prática de políticas nacionais de formação de um mercado de trabalho livre e disciplinado, intimamente associadas aos desafios impostos pela abolição.[37]

Ariza segue abordando alguns mecanismos de subversão da ordem vigente no século XIX por mulheres subalternas em relação ao exercício da maternidade, como a preocupação com os filhos deixados na Roda dos Expostos e a possível esperança de revê-los, prática contraditória com a imagem forjada dessas mães. Estas, consideradas inatingidas pelas rupturas familiares, não recebiam a mesma atenção ou qualquer simpatia por parte das autoridades públicas e pleiteantes à tutela, que pareciam manifestar preocupação tão somente com as crianças.

Entretanto, no que se refere à Roda dos Expostos – assistência caridosa provida pela irmandade leiga da Santa Casa de Misericórdia no Hospital da Caridade desde 1825, em São Paulo, recebendo crianças desvalidas e órfãs – a autora traz registros dos livros da Misericórdia contraditórios à noção de mães abandonadoras. Em suas palavras:

> Os livros de matrícula de expostos da roda da Santa Casa de São Paulo, referentes ao intervalo entre os anos de 1876 a 1901, trazem inúmeros registros de crianças entregues envoltas em trapos, acompanhadas de bilhetes que informavam seu nome de batismo ou, afirmando não terem sido ainda batizadas, indicavam, em pedidos encarecidos, os nomes que deveriam receber. Muitas eram colocadas na roda acompanhadas de pequenos objetos por meio dos quais pudessem ser identificadas por mães esperançosas de, num futuro próximo, reaver os filhos; figas, pedaços de fita, medalhinhas, imagens de santos partidas ao meio, cruzes – pequenos símbolos da aflição envolvida na separação – acompanhavam breves mensagens […].[38]

O ato de entregar os filhos à Roda dos Expostos não se resumia a abandoná-los, de modo que o discurso dominante de mães negligentes e impróprias escondia a finalidade da arregimentação das tutelas e soldadas pleiteadas judicialmente. Assim, Ariza expõe ao longo do texto algumas estratégias destas mulheres para subverter a ordem vigente, que tentava separá-las forçadamente de suas crianças em razão da pobreza, do não enquadramento no modelo normativo de família e das acusações de imoralidade sexual.

Dentre tais estratégias, incluem-se petições de tutela em favor dos empregadores das mães, para que os filhos permanecessem em sua companhia; pedidos de levantamento dos ganhos de soldada guarda-

---

37 Ibid., p. 67-68.

38 Ibid., p. 70-71.

dos em cadernetas de poupança dos filhos; pedidos judiciais de dissolução de tutelas ou soldadas informais em razão de maus tratos às crianças ou para realocá-las a casas em que receberiam melhores rendimentos; o uso de figuras masculinas, como maridos, irmãos e tios, para depor em favor destas mulheres ou mesmo ajuizar as petições em seu lugar, de modo a dar mais credibilidade ao pleito feminino.

Ariza relata, a seguir, a incidência dos estereótipos de raça envolto em mulheres egressas da escravidão, como Joanna e Modesta, apresentadas nos autos de tutoria analisados, que usavam a estratégia de requerer a tutela para os patrões a fim de minimamente superar tais estereótipos.

Explica a importância dos ganhos dos filhos para o sustento dos lares empobrecidos, pois, mesmo que não importassem a renda mais alta da casa, em geral ao menos aliviavam os gastos familiares de modo imprescindível. Diferentemente das práticas de agregação social dos filhos de criação, as tutelas e soldadas eram maneiras explícitas de negociar o trabalho das crianças. Como nos informa a autora:

> Legados pelas Ordenações Filipinas ao Código Orfanológico imperial, os dispositivos legais que regulavam as tutelas e soldadas não previam a atribuição imediata de remunerações às crianças e aos jovens trabalhadores. De fato, afirmando-se como expedientes caritativos de acolhimento de pequenos desvalidos, as tutelas não previam qualquer tipo de vencimento aos tutelados, ainda que, na prática, seus serviços fossem largamente aproveitados. As soldadas, por seu turno, embora consistindo em modalidade contratual de arregimentação de serviços de menores de idade, estabeleciam que os vencimentos amealhados por estes trabalhadores fossem recolhidos em cadernetas de poupança, somente tornando-se acessíveis quando os mesmos atingissem a maioridade, aos 21 anos de idade.[39]

Outrossim, no que se refere às petições maternas denunciando maus tratos ou mesmo exercendo sua autonomia para a realocação das crianças em lares onde seriam melhor remuneradas, os tutores ou contratantes de soldadas insurgiam-se utilizando a ideia vigente de que se tratavam de mães exploradoras, cujas intenções seriam apenas obter lucro com o trabalho dos próprios filhos. Tratar-se-iam de mulheres "gananciosas, desejosas de explorar os filhos e parasitá-los em busca de rendimentos fáceis".[40] O recorte racial estava presente no enquadramento das mulheres como "mães impróprias", e a desobediência às regras sociais de vida sexual feminina reclusa que as incluiriam nos

---

39 Ibid., p. 75.

40 ARIZA, Op. Cit., 2017, p. 78.

deveres femininos eram suficientes para provar a sua suposta incapacidade de exercer autoridade e subsistência sobre os filhos e de sentir a ligação afetiva atrelada à maternidade: "Ser mãe e ao mesmo tempo só, pobre e, adicionalmente, como em tantos casos, liberta, "preta" ou "parda", implicava estabelecer vínculos que, mesmo ameaçados pela distância, pudessem mostrar-se resilientes".[41]

Ao passo em que as mulheres subalternas buscavam o aparato judicial para, na verdade, ter os filhos consigo e exercer sua autonomia, buscavam figuras masculinas para lhes dar credibilidade. Tal estratégia, contudo, nem sempre funcionava, uma vez que também existiam normas de masculinidade burguesa e boa paternidade.

Ariza conclui seu texto demonstrando a importância da discussão, pelos documentos analisados, da reelaboração dos protocolos de trabalho a partir da pós-abolição, ante o conflito entre os ex-senhores que objetivavam perpetuar as práticas da escravidão, mulheres e crianças buscando ganhar autonomia e dar sentido às noções de liberdade e os ideais burgueses de trabalho, como salário, controle do trabalhador e direitos e deveres contratualmente previstos.

Ainda sobre mecanismos de subversão à ordem vigente utilizados por mulheres negras, temos as pesquisas sobre a trajetória da africana mina Emília Soares do Patrocínio no Rio de Janeiro do século XIX, feita por Juliana Barreto Farias,[42] e sobre Marcelina da Silva, também no século XIX, mas em Salvador, realizada por Lisa Earl Castillo e Luis Nicolau Parés.[43]

Emília foi uma africana "mina" que viveu a maior parte de sua vida no Rio de Janeiro do século XIX. Sobre a sua nação, Farias explica que:

> Desde pelo menos princípios do século XVIII, a expressão designava, na cidade do Rio de Janeiro e em outras partes do Brasil, escravos e libertos africanos procedentes da costa ocidental, também chamada à época de Costa da Mina. [...] Longe de guardar correlações estritas com as formas de autoidentificação correntes nas mais diversas regiões da costa ocidental – no que se refere a seus nomes e também a sua composição social – a chamada nação mina era tanto uma construção forjada no âmbito do comércio negreiro, como na própria experiência dos africanos. Mesmo "compulsoriamente" nomeados pelo sistema escravista, os homens e mulheres assim reagrupados adquiriram, aos poucos, sentidos em si mesmos, formulando suas próprias regras e redefinindo os limites indicativos de afiliação ou exclusão que orien-

---

41 Ibid., p. 80.

42 FARIAS, Op. Cit., 2013.

43 CASTILLO; PARÉS, Op. Cit., 2007.

tavam o comportamento de seus membros e serviam para classificar socialmente os demais. [...] Convivendo em ruas, irmandades, festas religiosas ou grupos de trabalho, os minas encontravam semelhanças linguísticas e comportamentais, crenças e lugares de procedência em comum e, a partir daí, criavam grupos mais amplos e com uma autoconsciência coletiva.[44]

O pertencimento a uma dita nação era um dado essencial por designar o agrupamento das pessoas escravizadas e libertas no século XIX. E, nesse sentido, o casamento tinha um papel muito significativo, porque era uma forma de transmissão de patrimônio e de tentativa de adequação às normas sociais da época. No caso de Emília, ela comprou sua alforria, em 1839, e casou-se com Bernardo José Soares, africano da mesma nação, o qual possuía uma banca no Mercado da Candelária. Era registrada na Irmandade de Santo Elesbão e Santa Ifigênia, exercendo cargos de destaque. Tornou-se viúva, em 1846, casando-se novamente com o também mina e ex-escravo Joaquim Manuel Pereira, na Igreja Católica, em 1851. Conforme explica Farias:

> Já os minas não registravam seus contratos de parcerias, mas trabalhavam junto com homens e mulheres da mesma procedência (os chamados "parentes de nação"), quase sempre seus próprios cônjuges. Em geral, apenas um deles (mais frequentemente, os homens) aparecia como titular da vaga e se colocava à frente das petições e demais documentos encaminhados à municipalidade. Mas – na labuta cotidiana – as atividades eram divididas entre os dois. O que, por cento, não escapava aos agentes da fiscalização e a outros trabalhadores da Praça [do Mercado].
>
> Talvez por isso, na hora em que o locatário inscrito deixava a sociedade – geralmente por falecimento –, o pedido feito pelo companheiro (ou companheira) para continuar nos negócios era aprovado de forma automática. Nestas ocasiões, eles enfim apresentavam documentos comprobatórios. Não eram registros em cartório atestando as relações comerciais, mas certidões de casamento, óbito, batismo ou testamentos. [...] De uma forma ou de outra, essas práticas deixam entrever que, para esses ex-escravos, o casamento católico, o trabalho na Praça do Mercado (e não mais pelas ruas da cidade) e a entrada na irmandade de Santo Elesbão e Santa Ifigênia eram conquistas que, sobretudo quando combinadas, representavam uma espécie de salvo conduto para uma vida de liberdade, estabilidade e respeito.[45]

Trazendo o tema para o século XX, é importante notar que este período significou mudanças significativas nas formas de vivenciar a família, influenciadas pela urbanização da sociedade, a maior circulação de valores entre as classes e o favorecimento da introdução de novas ideias de femi-

---

44 FARIAS, Op. Cit., 2013, p. 15.

45 Ibid., p. 25-26.

nilidade, difundidas pela cultura de massa, como o cinema e as revistas.[46] Também no início do século XX, tem-se a medicalização da sociedade, a qual foi imposta de maneira higienista, apesar de alguns benefícios trazidos, como a prática médica da puericultura, que reduziu a mortalidade infantil.

O governo Vargas significou a introdução de uma nova legislação trabalhista, a qual garantia legalmente a limitação da jornada de trabalho em oito horas diárias e regulamentava o trabalho feminino e infantil. Vargas inseriu o conceito de cidadania regulada, "facultando a todos a condição de pré-cidadãos aptos a, seguindo as regras estatais, ascender à cidadania plena, [...]".[47] Pensando neste ponto, é possível inferir que este é um dos elementos chave na consolidação do ideal de meritocracia vigente ainda nos dias de hoje. Disso decorre que a proteção social do Estado estava indissociada da obrigação de seguir as normas familiares ora impostas.

A difusão da escolarização a partir dos anos 1930 foi essencial para a democratização da educação entre as mulheres, que ainda não se consolidou de fato. Entretanto, a inclusão efetiva das mulheres de diferentes classes e grupos sociais só foi possível a partir de 1971, com a promulgação e reforma da Lei de Diretrizes e Bases da Educação.[48]

Sendo assim, é possível afirmar que as ideias burguesas de formação de um núcleo familiar mais fechado em si mesmo, assim como a difusão da educação para as mulheres ao longo do século XX, a mudança do casamento de um modo de transmissão de patrimônio para um ideal individualista de amor romântico, e a valorização da presença feminina no espaço público pela cultura de massa, assim como a segunda onda do feminismo, contribuíram para a mudança nos valores sociais direcionados ao que se espera do comportamento feminino no século XX.

Some-se a isso a pílula anticoncepcional na década de 1960 e o crescimento do trabalho feminino, e tem-se alterações a nível individual e coletivo nas vivências femininas no Brasil.

1.1.2. A IMAGEM DO NEGRO NO BRASIL: RACISMO CIENTÍFICO, POLÍTICAS DE EMBRANQUECIMENTO E MITO DA DEMOCRACIA RACIAL

No tópico anterior, trouxe alguns estudos históricos sobre mulheres negras no período da pós-abolição ao século XX para contextualizar, a partir de pesquisas sobre maternidade, trabalho, liberdade e emanci-

---

46 ITABORAÍ, Op. Cit., 2017.

47 Ibid., p. 148.

48 Ibid.

pação, a situação destas mulheres no que se refere aos aspectos da vida em sociedade na época e, em particular, no seio familiar.

Neste momento, trago informações sobre o período que vai de fins do século XIX até o início do século XX no que se refere à formação da imagem do negro brasileiro na passagem do Império para a República. Faço-o na tentativa de elucidar ainda mais os caminhos percorridos na história do país que poderiam justificar as demandas políticas de pessoas negras no século XXI, dentre elas, o direito à vida, à liberdade e à igualdade e a visão do negro como ser humano inteiro, não faltante em relação ao modelo branco de humanidade. Em especial, refaço os caminhos percorridos pela população negra ao longo da história para possivelmente explicar as demandas familiares das mulheres negras no século XXI, uma vez que, enquanto grupo social, estas mulheres foram desumanizadas perante o imaginário social brasileiro, e parte da justificativa se encontra nas políticas públicas adotadas pelo Estado no espaço de tempo abordado.

Moldada num republicanismo contraditório, a nação brasileira se baseou em ideias liberais de liberdade e igualdade e, ao mesmo tempo e paradoxalmente, na crença da superioridade biológica dos brancos.

No livro intitulado "**A invenção do ser negro**", Gislene Aparecida dos Santos[49] busca percorrer os caminhos traçados por intelectuais europeus e brasileiros em campos do conhecimento como a filosofia, a biologia e a antropologia na definição do "ser negro", num contexto de pós-abolição da escravatura. O momento histórico revelaria uma discrepância entre os ideais do iluminismo, como a lei natural, o direito natural, progresso, riqueza e felicidade, com a hierarquização de pessoas baseada na "raça" e, ainda, o conflito de interesses entre os detentores do poder no que tange à formação da nova ordem social brasileira enquanto república. Afinal, que lugar o negro deveria ocupar nesse novo momento sócio-político brasileiro?

Sobre o papel da ciência, Santos explica a passagem do conhecimento, realizada pelos iluministas no século XVIII, da razão divina para a razão científica, substituindo-se a ideia de possessão de conhecimento para a sua aquisição. A razão se torna a força motriz da produção intelectual da época na Europa e a biologia passa a ser considerada o novo paradigma para o conhecimento da natureza.

---

49 SANTOS, Gislene Aparecida dos. **A invenção do ser negro:** um percurso das ideias que naturalizaram a inferioridade dos negros. São Paulo: Educ/Fapesp, 2002.

Numa abordagem sobre o estudo da espécie humana pelos iluministas, a autora traz o pensamento de Diderot, Voltaire e Buffon para explicar a evolução do entendimento sobre o homem e sua relação com a natureza. Nesse sentido, a partir de uma análise que afasta os traços de providência divina, o homem não se separaria da natureza, devendo ser estudado como os demais elementos desta. Partindo da observação científica, os autores também se perguntaram o que diferenciaria o homem dos demais animais e se todos os homens pertenceriam à mesma espécie.

Disso decorre que, para Buffon, por exemplo, a história da espécie e a história da sociedade seriam as mesmas. Para Diderot, os homens variam em cor, grandeza, forma e diferenças naturais entre as sociedades, pertencendo todos à mesma espécie. Entretanto, neste ponto, Voltaire discorda, acreditando na existência de subespécies humanas. Nesse sentido, as diferenças observadas entre os homens decorreriam de cada "tipo" humano. Diderot e Voltaire são destacados pela autora por serem exemplos de diferentes correntes sobre a diversidade humana, sendo o primeiro representante do pensamento monogenista e, o último, do poligenista.

Se há uma relação direta entre o homem e a sociedade em que vive, e se as variações raciais e culturais poderiam ser explicadas por fatores como a localização geográfica, qual seria a relação entre a perfectibilidade humana, sua capacidade racional de modificar a natureza e o seu desenvolvimento sociocultural (progresso)? Haveria povos mais perfeitos que outros? Em conclusão, a primeira contradição do iluminismo apresentada seria a valorização filosófica do homem, devido à potência da sua razão, mas a sua submissão à hierarquia entre esses mesmos homens.

Em seguida, Santos trata da sociabilidade e a sua relação com o progresso humano:

> No segmento anterior, vimos como se construiu a idéia de uma espécie humana produzida pelo movimento da natureza e dividida em povos que apresentam diferentes graus de desenvolvimento social. Também foi apontado como a sociabilidade e a razão são parâmetros utilizados para definir o que é o homem. Temos, portanto, a natureza e sua obra (a espécie humana com todos os seus atributos e subdivisões) e o homem, com a sociedade e a cultura.[50]

A autora nos traz o pensamento de Diderot para explicar o pressuposto iluminista de que a sociabilidade seria natural aos homens, a qual instauraria a sociedade, de modo que o homem só seria feliz em sociedade. Entretanto, tal premissa traz o questionamento sobre como

---

50 Ibid., p. 34.

explicar os diferentes graus de sociabilidade observados cientificamente se todos os homens tenderiam à felicidade, porém se organizariam socialmente de maneiras distintas.

Para explicar esse fenômeno, deve-se recorrer às noções de ordem e de progresso. A ordem define a estabilidade da natureza e o progresso lhe dá movimento. O progresso seria a capacidade do homem de se aperfeiçoar em todos os campos do conhecimento através da razão. Todo homem tenderia ao progresso, alcançado por meio da razão e posto em prática através da educação. Assim, "os povos podem ser ordenados de acordo com o grau de progresso que apresentam e esta ordenação também foi definida pela natureza".[51]

Nesse sentido, seria possível falar em felicidade universal? Os graus de felicidade de cada sociedade estão relacionados à sua estratificação social. Assim, haveria uma igualdade subjetiva a partir da qual todos os homens teriam condições de felicidade, mas uma desigualdade objetiva definida pela sua posição social. Disso decorre que a desigualdade social seria uma necessidade para o desenvolvimento da sociedade, justificada para o progresso social. A felicidade estaria associada ao progresso e à riqueza de uma determinada sociedade e serviria para justificar o argumento econômico de estratificação social e a necessidade de acumular bens.

Em seguida, Santos cita o desenvolvimento do mito da felicidade dos humildes, a partir do qual o rico burguês nem sempre encontraria a felicidade em sua riqueza, se não fosse bondoso, e o humilde poderia encontrá-la no seu trabalho e na sua frugalidade: "(...) a felicidade burguesa, associada às ideias de virtude, razão, sociedade e progresso, impõe-se e triunfa".[52]

Com isso, considerando o progresso observado em cada sociedade, os iluministas passaram a considerar os brancos europeus os homens de gênio e os demais povos, como os negros, como selvagens, pelo seu diferente estágio de desenvolvimento, atrasados em termos de progresso e, portanto, inferiores. Neste momento, portanto, estabelece-se o vínculo entre raça, progresso e hierarquia social.

Na sequência, Santos explica o racialismo, teoria da qual se destacam a crença na existência de raças, a continuidade entre o físico e o moral, a ação do grupo sobre o indivíduo, uma hierarquia única de valores e a política fundada sobre o saber. Dessa descrição, destaca-se da teoria o

---

51 Ibid., p. 40.

52 Ibid., p. 43.

seu caráter tanto descritivo (julgamento moral) quanto propositivo (ideal político). A aplicação prática da teoria racialista daria origem ao racismo.

A autora explica, a seguir, que a hereditariedade passa a ser relevante apenas no século XIX, já que até o século XVIII acreditava-se em fatores externos como o clima e a geografia para justificar as diferenças entre os homens, até então tidos como iguais e perfeitos. No século XIX, portanto, já não se aceitam de forma tolerante as diferenças entre os humanos.

Disso decorreria o embate teórico entre monogenistas e poligenistas, sendo os primeiros crentes na origem una dos homens e estes últimos no seu oposto. Ademais, os pensadores também poderiam ser divididos em evolucionistas e racistas, de modo que os primeiros defendiam os argumentos ecológicos dos monogenistas e os últimos, argumentos biológicos nos quais a raça seria determinante para o destino dos povos.

As descobertas da idade geológica da Terra e da hereditariedade fortaleceram, para a autora, os poligenistas, uma vez que os monogenistas se baseavam nos ideais do século XVIII de perfectibilidade do homem e possibilidade de mudança desde que alterados os fatores externos como o clima do lugar onde se encontravam. Da perfectibilidade, passou-se a acreditar em povos menos perfeitos e evoluídos e também no contrário:

> Se, para os iluministas, as desigualdades sociais apoiavam-se na diversidade humana ressaltando-a, para os evolucionistas e racistas do século XIX esta desigualdade social, de fato, inexiste, pois o evidente são as diferenças raciais expostas em distintas sociedades.[53]

Neste momento, a ideia de raça passa a funcionar como catalisador e solução para todos os problemas.

Acerca das variações na ideia de raça, Santos explica que, segundo Michael Banton, em seu livro **A ideia de raça** (1977), houve mudança no significado da palavra raça a partir de 1800, quando se passou a separar os homens em tipos humanos dotados de caráter biológico e imutável. No século XIX, portanto, as diferenças raciais sobrepuseram-se à igualdade iluminista e, de maneira geral e sem grandes variações, os teóricos passaram a defender a existência de hierarquia entre os homens, explicada por fatores anatômicos e, por vezes, outros elementos.

Em geral, os autores acreditavam na superioridade do homem branco e no negro como o mais primitivo de todos na escala evolutiva.

O desenvolvimento do darwinismo e a sua aplicação às sociedades deu origem à eugenia, basicamente a crença de que as raças superiores

---

53 Ibid., p. 48.

eliminariam as inferiores. Alguns dos defensores dessa teoria passaram a incentivar o preconceito racial como forma de eugenia. Conforme Santos, as teses principais do darwinismo social eram a variabilidade, a hereditariedade, a fecundidade excessiva e a seleção.

Deste modo, o darwinismo social e as demais teorias da raça teriam coroado as diferenças biológicas consideradas naturais entre os homens com base na sua raça, colocando o homem branco como o ápice evolutivo e o homem negro, por sua vez, como o mais atrasado e, ainda: "assim, o sangue negro deteriora o branco. O negro seria marcado pela imaginação, sensibilidade e sensualidade e o branco, pela inteligência, praticidade, ética e moral".[54]

De acordo com Santos, a visão negativa sobre a África e os negros remonta à antiguidade greco-romana, assim como à cultura islamita.

Passando-se pelos relatos dos viajantes no período de colonização hispânico-portuguesa, quando havia de se dar explicações religiosas para o tratamento dado aos povos nativos da América e aos africanos, sendo estes considerados selvagens em oposição aos índios, de natureza "pura", para o século XVIII e, após, o fortalecimento das teorias biologizantes sobre as raças e as diferenças entre os povos, tem-se que:

> Com o apogeu da sociedade industrial e do elogio ao trabalho, os povos que não acompanhassem o grau de desenvolvimento europeu eram condenados à inferioridade. Assim, ampliaram-se as correntes que explicam a inferioridade dos povos da África por meio de argumentos "ecológicos" tais como: o meio quente e o solo fértil, produzindo abundância de alimento, levavam os africanos a uma vida mais tranquila, ao recolhimento familiar. [...] Mas essa forma de compreensão "ecológica" da realidade vai sendo alterada gradativamente, aproximando-se de uma teoria centralizada na idéia de raça.
> [...]
> Os valores que guiavam a Europa da Revolução Francesa caem por terra, emerge a fragmentação. A idéia da unidade antepõe-se à de multiplicidade, o individualismo ao universalismo. Também não é à toa que no mesmo século surge o movimento romântico que enaltece o indivíduo, suas qualidades e seu gênio desenvolvido por si só e para si. Não é ao acaso que no período se desenvolve a biologia, a ciência do homem, que subdivide o múltiplo avaliando partículas. Outrora, as diferenças recebiam explicações variadas, quer pelo caráter social, político, físico ou religioso; agora, há uma única causa para todas as diferenças: a raça.
> [...]
> Se os traços físicos estabeleciam uma conduta, seria importante desenvolver uma ciência da aparência, que seria a reedição da idéia de que o corpo

---

54 Ibid., p. 53.

representa a exteriorização da alma revelando, por meio de seus traços, os vícios e as virtudes humanas. Com os avanços conseguidos pela anatomia, que podia provar a interdependência dos órgãos do corpo e a influência de suas funções na conduta do indivíduo, não foi difícil argumentar que diferenças físicas entre as raças produzissem diferenças intelectuais e morais.[55]

Pelo exposto, percebe-se que a autora traça um histórico sobre a visão do negro africano desde a antiguidade greco-romana, passando pela cultura islamita, séculos de colonização hispânico-portuguesa das Américas, até chegar à superação dos valores iluministas da Revolução Francesa, gradualmente substituídos pela noção de ciência e, principalmente, biologia, fundada na raça como fator determinante de diferença entre os povos, dentre os quais os negros representariam o grau máximo de inferioridade, a partir do paralelo entre as diferenças físicas e os atributos intelectuais e morais. Nesse sentido, caminhando para a superação das explicações "ecológicas" e para a defesa das diferenças entre os homens, tem-se a raça como seu fator determinante. Outro fator que explicaria tais diferenças na visão europeia seria o acúmulo histórico dos europeus da visão sobre a África e seus povos – reduzidos a uma versão simplificada de "negros" –, o suposto fato de que as sociedades africanas não teriam se desenvolvido como as europeias, principalmente no período pós-industrial, e nem se desenvolveriam, pois, se a explicação para a evolução era a raça, e esta só evoluiria a passos lentos – considerado a idade da Terra e a teoria da evolução darwinista –, então o caráter do negro enquanto inferior seria imutável.

Trazendo a análise para o contexto histórico brasileiro, Santos nos dá a visão sobre a quem se aplicava o conceito de cidadão na República nascente e qual o papel dos negros no conceito de povo e de nação. Traz os mitos sobre o negro apresentados em jornais de fins do século XIX, que o apresentam como "lascivo, libidinoso, violento, beberrão, imoral", associados à eugenia como política de Estado e à implementação da imigração europeia como necessária à formação de um povo.[56]

Aqui há uma nova abordagem sobre o negro: de pacífico e grato pela abolição ao selvagem e não propenso à cidadania.

Estereótipos e a desqualificação da família negra também marcam a formação da República brasileira: "A desqualificação da família negra também contribuía para a demonstração do caráter 'deformado do

---

55 Ibid., p. 55-57.

56 Ibid., p. 131.

negro incapaz de se relacionar senão de forma animalesca inclusive com aqueles a quem ama'".[57]

Contudo, a preocupação com os destinos do país vai dando lugar à abordagem explicitamente racista do negro, cuja invenção passa por dois momentos: o discurso médico e jurídico de Nina Rodrigues e a antropologia de Gilberto Freyre.

Nina Rodrigues, conhecido médico do final do século XIX, "vai abraçar integralmente a idéia de uma política positiva alicerçada em diferenças naturais entre os grupos/classes que compunham a sociedade".[58]

Rodrigues defendia a reforma do código penal, com a sua regionalização, levando em conta as diferenças fisiológicas e o clima de cada região. Todavia, no que tange à atenuação da responsabilidade de negros, índios e mestiços, Santos nos traz a ressalva de que a ideia do médico não é "enfraquecer" a lei penal em relação a essas raças, tanto que sustenta a redução da maioridade penal em relação a eles, mas sim atenuar a sua humanidade. Os membros desse grupo seriam, senão criminosos, potencialmente criminosos, de modo que todas as suas manifestações, fossem elas culturais ou sociais, também o seriam:

> A condenação da mestiçagem como símbolo da degeneração social expressa o temor pela perda da razão e o advento do atraso e da loucura na sociedade brasileira. Cercear a liberdade dos povos "primitivos" em nome dessa razão é colocar a sua humanidade entre aspas. O que está sendo avaliado não é a qualidade de ser igual e livre, mas a qualidade de ser homem.[59]

Disso decorre que não apenas o direto penal é relativizado em relação aos povos ditos inferiores, mas também os direitos sociais e civis, já que a sua humanidade fora relativizada, em afronta aos ideais iluministas de igualdade e liberdade enquanto direitos naturais.

Passando para Gilberto Freyre e o lusotropicalismo, temos que Freyre reformula o pensamento racista em vez de rompê-lo. Em primeiro lugar, o autor vê a mestiçagem como o caminho para a democracia racial e para o engrandecimento da nação. Nesse ponto, compara a colonização portuguesa com a anglo-saxã nos Estados Unidos, onde não teria havido miscigenação em razão das diferenças raciais e culturais entre os portugueses e os ingleses.

---

57 Ibid., p. 131.

58 Ibid., p. 133.

59 Ibid., p. 148.

Os portugueses seriam mais adaptáveis à miscigenação por causa da herança genética do Norte da África e da Península Ibérica. Disso decorre o conceito de lusotropicalismo, basicamente a suposta maior adaptação dos portugueses ao clima tropical e à mestiçagem que europeus como os anglo-saxões, por exemplo.

Aqui se pode perceber a ausência de rompimento radical com as teorias racialistas e racistas. Essa falta de rompimento é corroborada pela visão de Freyre sobre os negros trazidos ao Brasil em comparação com aqueles levados aos Estados Unidos. Os primeiros seriam os "melhores negros", por sua pele mais clara e maior proximidade cultural com a Europa pelo contato com os árabes do norte da África. Já os africanos levados aos EUA, de pele mais escura, seriam menos propensos ao melhoramento racial pela miscigenação.[60]

Santos nos traz a percepção de que Freyre, na verdade, não rompe com a hierarquia entre brancos como superiores e negros como inferiores, uma vez que entende a harmonia racial como mais próxima quanto mais adaptados os negros à cultura branca. Bom negro seria aquele adaptado aos valores brancos, de modo que "a cultura do mestiço é a cultura da negação do negro".[61] Assim, para Santos, Freyre também é racialista.

Freyre também reforça todos os mitos existentes sobre os negros, mas tratando-os de forma "positiva", como elogios. Assim, pinta uma escravidão harmoniosa e sem conflitos ou revoltas. Santos explica que a aceitação da cultura da mestiçagem desenvolvida por Freyre se pauta em quatro elementos: 1) a inferioridade social do negro; 2) a dominação branca pelo paternalismo; 3) as características primitivas do negro; e 4) a ratificação dos atributos do negro pela sua (falsa) valorização.

A teoria de Gilberto Freyre contribuiu não apenas para um novo olhar sobre brancos, negros, índios e mestiços, mas também para a formação da identidade nacional brasileira, fundada no mito da democracia racial.

1.2. AFETIVIDADE E SOLIDÃO

Falar de família envolve falar de afeto. Pelo menos essa é a premissa atual de alguns doutrinadores, como Maria Berenice Dias,[62] e neste trabalho não seria diferente.

---

60 Ibid., p. 154.

61 Ibid., p. 158.

62 DIAS, Op. Cit., 2010.

Entretanto, há estudos específicos acercada afetividade da mulher negra sobre os quais quero tratar aqui. Isto porque, conforme pesquisas sobre o tema, a mulher negra é a que menos se casa no Brasil e esse dado não se dá por acaso.

Apesar do mito da democracia racial e da miscigenação, vimos até o momento que a construção da sociedade brasileira como a conhecemos hoje se deu com base na exclusão dos negros do projeto republicano de cidadania, na ideologia do branqueamento e na crença de que as violências cometidas contra a população negra, principalmente o regime de trabalho escravista e as políticas públicas negativas (em contraposição à ideia de ações afirmativas), foram brandas se comparadas a países como os Estados Unidos e a África do Sul.

A nação brasileira não tem bases democráticas, pelo contrário. É completamente pairada sobre hierarquias sociais, raciais, de gênero e sexualidade e tal construção formou a noção coletiva sobre quem são as mulheres negras.

Para explicar os estereótipos incidentes sobre estas mulheres e como moldam a sociedade brasileira nos dias de hoje, remeto-me aos ensinamentos de Patricia Hill Collins[63] sobre estruturas de poder.

A autora defende que qualquer matriz particular de dominação é organizada por quatro domínios inter-relacionados de poder: o estrutural, o disciplinar, o hegemônico e o interpessoal. O domínio estrutural de poder demonstra como as instituições sociais são organizadas para reproduzir a subordinação das mulheres negras ao longo do tempo. O domínio disciplinar gere as referidas instituições, a partir da maneira como estas funcionam, ou seja, a sua burocracia, de forma que ainda que não existam políticas explicitamente racistas ou sexistas, as instituições permanecem permitindo ou mesmo sendo diretamente opressoras. O domínio hegemônico de poder trata da manipulação da ideologia e da cultura, criando ideias "senso comum" que mantém o *status quo* dos sujeitos que compõem os espaços de decisão, dando suporte para os demais domínios de poder (estrutural, disciplinar e interpessoal). Por fim, o domínio interpessoal se refere às práticas do dia a dia de como as pessoas tratam umas às outras.

Destrincho os domínios de poder trazidos pela estudiosa no meu artigo "Feminismo Negro sob uma Perspectiva Neoestruturalista", explicando que:

---

63 COLLINS, Op. Cit., 2000.

Fazendo uma leitura dos referidos domínios de poder no contexto brasileiro do século XXI, tem-se como exemplos do domínio estrutural a polícia militar. No caso do domínio disciplinar, ou seja, o domínio que gere as instituições sociais, pode-se apontar como exemplo a FUVEST, fundação que organiza o concurso para o ingresso na Universidade de São Paulo e exclui mulheres negras sistematicamente sem prever em seu edital a proibição da entrada deste grupo. Para tanto, basta observar o percentual do ingresso de pessoas negras em 2015: 18,5% ante 75,3% de pessoas brancas.

O domínio hegemônico de poder é constatado no chamado mito negro. O mito negro, ou seja, os estereótipos associados às pessoas negras, tem relação direta com o desenvolvimento do mito da democracia racial. Tais estereótipos, como o da "mulata tipo exportação" ou da "força" do homem negro se travestem de elogios que, na verdade, escondem uma bestialização que contrapõe esse grupo de pessoas àquele considerado belo e racional – pessoas brancas. E tal mistificação tem consequências diretas na vida dessa população, consolidando práticas de racismo institucional, por exemplo.

Finalmente, no que tange ao domínio interpessoal de poder, em não se admitindo que determinadas relações do cotidiano incluem atitudes racistas, há uma dificuldade grande em combatê-las. Não é porque se acredita viver numa democracia racial, em que todos seriam mestiços e, assim, quaisquer diferenciações de classe se dariam por questões tão-somente sociais (ou mesmo econômicas), que não acontecem atos como barrar mulheres negras na entrada de bancos ou confundi-las com empregadas domésticas pelo simples fato de serem negras.[64]

Os domínios de poder delineados por Collins nos ajudam a compreender como se entrelaçam as diferentes esferas da sociedade – públicas e privadas – na formação das opressões interseccionais. As mulheres negras, desde o período escravocrata, foram colocadas como sujeitos não merecedores de afeto, reservado às pessoas brancas:

> A mulher negra e mestiça estariam fora do "mercado afetivo" e naturalizada no "mercado do sexo", da erotização, do trabalho doméstico, feminilizado e "escravizado"; em contraposição, as mulheres brancas seriam, nessas elaborações, pertencentes à "cultura do afetivo", do casamento, da união estável. [...][65]

Mais do que isso. Questiono a própria noção de afetividade enquanto amor romântico idealizado. Esse amor, moldado em fins do século XVIII a partir do pensamento europeu ocidental[66] marca o que as mu-

---

64 DRUMMOND, Julia dos Santos. Feminismo Negro sob uma Perspectiva Neoestruturalista. In: SEVERI, Fabiana Cristina (org.). **Relatório NAJURP**: Direitos Humanos das Mulheres. Ribeirão Preto: FDRP, 2017, p. 39-40.

65 PACHECO, Op. Cit., 2013, p. 25.

66 Ibid.

lheres como um todo deveriam esperar de felicidade e do seu oposto, a solidão, no sentido de ausência de um parceiro afetivo-sexual.

A bibliografia analisada para esse trabalho me trouxe a percepção de que o debate sobre a solidão da mulher negra[67] traz conteúdos diversos e que merecem ser refletidos e mesmo questionados. Desde a correspondência entre amor, felicidade e um parceiro fixo até a abordagem heteronormativa, ou seja, de que os relacionamentos são necessariamente heteroafetivos (entre homem e mulher), excluindo-se das análises casais homoafetivos (relações entre pessoas do mesmo gênero) e poliamorosos (entre mais de duas pessoas ou relacionamentos paralelos, fixos ou não).

Apesar de perceber a falta de uma abordagem mais ampla sobre os diferentes tipos de casais e formas de amar ou mesmo de questionamentos sobre modelos de afeto focados em relações românticas centralizadas num casal como núcleo familiar, um dado foi constante em todos os textos, especialmente as pesquisas qualitativas: a "solidão" sentida pelas mulheres negras ouvidas é um fator de sofrimento, entendendo-se solidão como ausência de um(a) parceiro(a) fixo(a).

Fato é que, no Brasil, os casamentos tendem a se formar entre pessoas do mesmo grupo étnico-racial, sendo essa tendência maior entre os brancos, pardos e indígenas, não tendo havido mudanças significativas do Censo 2000 para o Censo 2010.[68] Além disso, em todos os grupos raciais, há excedente de mulheres, com exceção do grupo branco. Entretanto, autores como Ana Claudia Lemos Pacheco criticam a sugestão de alguns autores da década de 1980 de que o excedente de mulheres brancas tenderia a se casar com os homens negros, levando as mulheres negras a "sobrarem" no mercado afetivo, como uma relação de causa e efeito que não considera fatores socioculturais.

Algumas questões essenciais surgiram: 1) O que é solidão?; 2) Se solidão é a ausência de parceiro(a) fixo(a), qual é a importância dos relacionamentos afetivo-sexuais para as mulheres negras?; 3) Casar-se ou viver em união estável é, de fato, a meta de felicidade e de ausência de solidão na vida das mulheres negras?; 4) O que essas mulheres en-

---

67 Vide PACHECO, Op. Cit., 2013; ALVES, Op. Cit., 2008; MOUTINHO, Laura. Discursos normativos e desejos eróticos: a arena das paixões e dos conflitos entre "negros" e "brancos". **Sexualidade, Saúde e Sociedade**, v. 11, n. 20, mai. 2004.

68 INSTITUTO BRASILEIRO DE GEOGRAFIA E ESTATÍSTICA (IBGE). **Censo Demográfico 2010**: Nupcialidade, fecundidade e migração. Rio de Janeiro: IBGE, 2010, p. 64.

tendem por família?; 5) Como as mulheres negras de hoje entendem solidão, casamento e união estável?

Na tentativa de responder alguns dos questionamentos que surgiram ao longo da pesquisa, volto-me à bibliografia analisada.

De acordo com dados do censo do Instituto Brasileiro de Geografia e Estatística de 2010, 70% (setenta por cento) da população brasileira tem relacionamentos amorosos com pessoas do mesmo grupo de cor ou raça. O estudo aponta que a maioria dos brancos (69,3%) se une a pessoas do mesmo grupo de cor ou raça. Entre os pretos, menos da metade da população (45,1%) tem relacionamentos com indivíduos da mesma cor. Ainda de acordo com o estudo:

> As diferenças entre homens e mulheres foram mais marcantes em relação às pessoas de cor ou raça preta. Homens pretos tenderam a escolher mulheres pretas em menor percentual (39,9%) do que mulheres pretas em relação a homens do mesmo grupo (50,3%), [...].[69]

Como explica Laura Moutinho:

> Em minha tese de doutorado (Moutinho, 2001),tomei como ponto de partida o cotejamento daquela representação de nação com as estatísticas realizadas por demógrafos e sociólogos de orientação quantitativa, que destacam: a existência de um padrão marital homogâmico na sociedade brasileira; um percentual relativamente baixo de casamentos "interraciais" e, nestes, a predominância do par homem "negro/mulher "branca" no país onde se veicula que a "mulata é a tal". Um certo paradoxo parece emergido cruzamento dessas afirmações: no mesmo país que valoriza em diferentes âmbitos a mestiçagem e a "mistura", parece existir um tabu referido aos casamentos "inter-raciais". Em um nível, o desejo e o sexo "heterocrômico" são "desejáveis"; em outro nível, ao menos o casamento (e por que não dizer também o sexo e o desejo) aparece como "indesejável".[70]

Os casamentos interraciais não são a maioria no Brasil e, quando acontecem, normalmente se dão entre homens negros com mulheres brancas ou mulheres de pele clara.[71]

Nos últimos anos, houve também mudanças nas formações familiares brasileiras, de modo que aumentou em 20% o número de pessoas

---

69 Ibid., p. 64.

70 MOUTINHO, Op. Cit., 2004, p. 1.

71 PACHECO, Op. Cit., 2013.

que se divorciaram de 2000 para 2010,[72] assim como cresceu a quantidade de pessoas vivendo em união estável.

Sobre as uniões consensuais, o estudo pontua a influência da renda sobre esse tipo de união:

> As uniões consensuais são mais frequentes entre pessoas até 39 anos de idade (Gráfico 15). Quando o parâmetro de análise foi o rendimento, observou-se que a união consensual estava relacionada a condições socioeconômicas mais precárias, na medida em que as pessoas nas faixas de menor rendimento domiciliar *per capita* tiveram maior representação nesse tipo de união (Gráfico 16).[73]

Sobre o impacto da religião na formação familiar, temos também que:

> O estado conjugal está relacionado a escolhas individuais, mas é também influenciado pelas convicções religiosas. Entre os que optaram pelo casamento civil e religioso, houve uma maior frequência de pessoas que se declararam de religiões católica ou evangélica, enquanto a união consensual foi a principal escolha para os sem religião.[74]

O IBGE aponta, ainda, dados sobre relações entre pessoas do mesmo "sexo" (termo utilizado na pesquisa), que corresponderiam a 0,1% das unidades domésticas. A maioria das uniões apuradas se dá entre mulheres (53,8%) quando comparadas com aquelas entre homens (46,2%), predominando os católicos (47,4%) seguidos de pessoas sem religião (20,4%). Ainda, 99,6% dessas uniões são consensuais (uniões estáveis), e mais da metade dos casais se encontram na região Sudeste.

Após introduzir esses dados, passo às discussões sobre o preterimento da mulher negra.

Ao tratar de solidão, Pacheco traz uma série de autores da Sociologia que buscam entender o conceito na modernidade:

> Várias teorias, em sua maioria sociológicas, têm atentado para o distanciamento espacial e social entre as pessoas com o crescimento populacional, o desenvolvimento das cidades e da violência urbana (VELHO, 1999). Algumas teorias ressaltaram a racionalidade, outras, a competitividade das sociedades industrializadas como fatores desagregadores dos laços de solidariedade social, sendo estes substituídos por uma consciência individualizadora entre as pessoas, decorrendo-se do isolamento social e afetivo dos indivíduos e grupos. Outras teorias procuraram explicar o individualismo a partir de uma crítica radical à sociedade de consumo, propondo uma

---

72 IBGE, Op. Cit., 2010.

73 Ibid., p. 68.

74 Ibid., p. 66.

modificação profunda na materialidade das relações sociais de produção e atribuindo-se a estas a razão da desumanização.

[...]

Atentando para os vários significados acerca da solidão, fica evidente que, para estes autores, nas sociedades modernas ocidentais os indivíduos tendem a ficar sozinhos. Mas, como demonstrou Norbert Elias, existem vários sentidos para a solidão; a depender do contexto, os grupos e as pessoas ao longo de suas vidas podem "sentirem-se sós" ou, simplesmente, como acentua Sennett, "estarem sós". Entretanto, não se pode falar das mudanças ocorridas na modernidade sem registrar o quanto foi importante a revolução sexual que ocorreu nos anos 1960 e 1970, no contexto europeu e norte-americano.[75]

Os mesmos questionamentos que me fiz sobre os significados de solidão e o reforço de estereótipos de gênero como a "necessidade" de estar com um parceiro cisgênero masculino fixo foram explorados pela autora, que contextualiza as críticas ao celibato forçado às mulheres negras com os movimentos feministas brasileiros das décadas de 1970 e 1980 e, ainda, com as teorias do "ponto de vista" – hoje conhecidas como lugar de fala. Assim:

Para boa parte das feministas, a liberdade sexual, o corpo e o celibato foram e, ainda, são vistos como grandes conquistas das lutas feministas. Entretanto, nem sempre o celibato representa, para alguns grupos, tais conquistas em sua totalidade, depende do contexto, da época, dos sujeitos envolvidos. [...] "Estar só" depende de como estas relações sociais são processadas em contextos culturais específicos e de como esses fatores são sentidos e percebidos pelos indivíduos que os vivenciam.

No Brasil, as pesquisas qualitativas sobre as mulheres sós, solteiras ou sem parceiros, são recentes. Gonçalves (2007), ao estudar esse grupo de mulheres de camada média de Goiânia, assinala que a discussão sobre tais mulheres é percebida nos discursos institucionalizados – como a mídia escrita e a televisiva –, nos discursos dos institutos de pesquisa demográfica, no senso comum e em algumas pesquisas sociológicas e antropológicas recentes que tratam do tema. Esses discursos reprodutores de estereótipos negativos de gênero, geralmente referem-se a tais mulheres como "solteironas", "infelizes", "encalhadas", à procura de uma companhia masculina. A autora ressalta a importância de entender esta "solteirice" a partir de outros ângulos produzidos nos marcos discursivos das rupturas e mudanças operadas pelo feminismo, nas décadas de 1960 e 1970; considerando um grande marco chamado modernidade.[76]

Buscando entender a relação entre a influência de fatores externos – culturais e sociais – sobre o que significa a solidão, e a percepção

---

75 PACHECO, Op. Cit., 2013, p. 33-35.

76 Ibid., p. 37-38.

individual ou mesmo ressignificação do estar só, Pacheco monta o seu problema de pesquisa de doutorado:

> Tais concepções são muito úteis para esta pesquisa, pois parte-se do princípio que as experiências emocionais/afetivas expressam significados públicos, ou seja, os indivíduos estão envoltos numa teia ou trama de relações sociais de uma determinada cultura. Tais concepções não esvaziam os sentidos que as pessoas atribuem aos seus atos e nem tão pouco as aprisionam numa "camisa de força" das estruturas normativas. Pode-se dizer que a escolha de alguém ou de algo não está fora dos limites daquilo que uma determinada cultura pensa e vivencia como sendo aceito ou não, mas, também, possibilita aos indivíduos, reatualizações, ajustes, ressignificações de suas experiências emocionais/afetivas e sociais. É o que se pretende identificar nesta pesquisa: como os sujeitos – as mulheres negras investigadas – reordenam e modificam tais sistemas de classificação de mundo? Como redefinem e desafiam a norma? Como significam e ressignificam tais práticas? Qual o sentido de solidão em suas vidas? [77]

Ainda sobre os sentidos de solidão, Claudete Alves entende que não se trata apenas da ausência de um parceiro afetivo-sexual, mas também da inexistência de suporte social e afetivo, o abandono.[78] Entretanto, dentro das relações amorosas, na pesquisa de mestrado da autora, as mulheres negras participantes do grupo focal demonstraram valorizar o reconhecimento público pelos parceiros, de modo que a relação precisaria ser legitimada e aprovada pelo grupo social.

No que tange ao papel dos homens negros nos relacionamentos afetivos com mulheres, tanto Pacheco[79] quanto Moutinho[80] defendem a superação da ideia de que os homens negros se casam com as mulheres brancas para ascender socialmente, uma vez que a opção pela união com essas mulheres se dá quando já ascenderam ou possuem algum tipo de status.

Em seu artigo intitulado "Discursos normativos e desejos eróticos: a arena das paixões e dos conflitos entre 'negros' e 'brancos'", Moutinho fala de uma batalha de cores nomeada por Roger Bastide e Florestan Fernandes, na qual há trocas de acusações entre pessoas de "sexo" (para usar o termo adotado pela autora) e cores diferentes entre os militantes políticos. A autora conversou com Kiko, nome fictício dado a um jovem militante negro do Rio de Janeiro, o qual demonstrou dificuldade

---

77 Ibid., p. 44-45.

78 ALVES, Claudete. **Virou Regra?** São Paulo: Scortecci, 2010, p. 139.

79 PACHECO, Op. Cit., 2013, p. 84.

80 MOUTINHO, Op. Cit., 2004, p. 4.

de falar sobre suas escolhas afetivas por mulheres brancas ou negras, porém reconheceu que uma das faces da discriminação é a valorização da mulher branca em detrimento da negra. O entrevistado é ciente da dificuldade da mulher negra no mercado afetivo, entendendo que, para esta, é necessário ser mais do que padrão, deve ser "super grande".

A autora descreve a dificuldade de os homens negros militantes falarem sobre suas preferências afetivas, o que, em sua visão, pode estar relacionado a uma separação para esses homens entre o público e o privado, ou seja, a prática política não necessariamente deveria interferir em suas relações amorosas. Na percepção da professora, as mulheres negras manejaram mais essa relação entre as esferas do que os homens negros no âmbito político. Cita Florestan Fernandes, para quem os relacionamentos interraciais seriam desmobilizadores da luta antirracista pela não construção de uma identidade positiva entre os negros. Daí surgiriam algumas questões: o que significa o desejo de embranquecer? E, ao contrário, quais seriam os "hábitos negros" em contraposição aos "hábitos brancos"? A ascensão social se oporia ao pertencimento étnico-racial? O embranquecimento surgiria, assim, como acusação e denúncia.[81]

Entretanto, para além dos relacionamentos endorraciais como pauta política do movimento negro, Alves, por sua vez, apurou que as mulheres respondentes do seu questionário entenderam que os homens negros preferem as mulheres brancas pela situação econômica, status, aparência e fetiche sexual. Algumas chegaram a dizer que os homens negros seriam submissos a essas mulheres.[82]

Nota-se que, do ponto de vista das mulheres negras ouvidas nas pesquisas citadas, há clara inclusão da esfera dita privada nos movimentos políticos, assim como da necessidade de reconhecimento público enquanto valorização da negritude, no sentido de não negação do próprio pertencimento étnico-racial. O preterimento, ainda que reconhecido dentro de uma crítica à imposição de um modelo único de família, consagrado na família tradicional nuclear burguesa e heteroafetiva, traz sofrimento a essas mulheres e isso é extremamente relevante. Nas palavras de Alves:

> A importância dos relacionamentos interpessoais para o alcance de um nível satisfatório de qualidade de vida é hoje cada vez mais evidente. São vários os autores que destacaram a importância da manutenção do suporte

---

81 Ibid.

82 ALVES, Op. Cit., 2010.

social para que o indivíduo enfrente as situações de crises inerentes à vida e ao desenvolvimento da pessoa. [...]

Estes estudos fornecem argumentos para pensar que a solidão advinda do preterimento pode ser um fator de risco para o adoecimento desta mulher negra, principalmente se esta solidão for vivenciada como socialmente desvantajosa. Goffman (1988) demonstrou que os sujeitos que são percebidos pelo grupo como portadores de uma condição socialmente desvantajosa – o que ele chamou de estigma – podem desenvolver sentimentos, percepções e comportamentos ambivalentes em relação ao seu próprio eu, além de dificuldade de receber o apoio social que facilitaria a elaboração dos sentimentos negativos, fator essencial para a qualidade de vida e saúde.[83]

Mas falar de solidão não é apenas falar de dor, tampouco é sinônimo de falta de agência.

Nas suas considerações finais, Pacheco analisa como os marcadores sociais influenciaram as escolhas afetivas e as percepções de solidão das mulheres negras que entrevistou no contexto da cidade de Salvador, classificadas em ativistas políticas e não-ativistas.[84]

A autora percebeu, como semelhança entre todas as mulheres, a origem social pobre, ainda que algumas tenham ascendido socialmente e conquistado cargos considerados de prestígio.

Como diferenças, percebeu o nível educacional mais baixo entre aquelas que eram trabalhadoras domésticas remuneradas, e as diferentes profissões exercidas pelas entrevistadas, que as colocaram como de classe média em alguns casos.

No grupo das mulheres ativistas, Pacheco verificou a percepção por elas da preferência dos homens negros pelas mulheres brancas e as dores da rejeição afetiva na adolescência, que foi ressignificada na prática política: "A política transformou os corpos, antes, negados e perpetrados pela violência do racismo, física, social e simbólica, em corpos revoltados".[85] Essas mulheres redefiniram papéis de gênero e isso foi fundamental na formação das suas escolhas afetivas:

As ativistas, ao redimensionarem o modelo de relação afetiva convencional, geraram zonas de conflitos raciais [mulheres negras ativistas x mulheres brancas] e de gênero, com seus parceiros "dentro" e "fora" do campo político (mulheres ativistas x homens ativistas x mulheres não-ativistas], desestabilizando os relacionamentos afetivos com os seus pares. Essas categorizações

---

83 Ibid., p. 182-183.

84 PACHECO, Op. Cit., 2013.

85 Ibid., p. 348.

foram reguladoras das escolhas afetivas das ativistas. Gênero, raça e política delinearam a ausência de parceiros fixos das mulheres desse grupo.[86]

Já as mulheres não-ativistas entrevistadas foram divididas entre pobres e as que experimentaram ascensão social. As primeiras relataram ser chefes de família e vivenciar conflitos de gênero, atribuindo aos homens negros características como as de "mulherengo", além de consideraram não satisfatória a sua contribuição com o sustento familiar e criticarem o seu exercício da paternidade. Para a autora:

> Nos discursos dessas informantes, eu não encontrei uma relação direta entre a pobreza de seus pares negros e o abandono da casa e da família, como sugeriram alguns estudos sobre esse modelo familiar na Bahia. Há, sim, uma relação entre abandono, paternidade e troca de parceiras nos relatos das trajetórias familiares e na narrativa de algumas informantes. A classe e a raça não foram acionadas em suas narrativas. Sugiro que tais categorias foram, também, reguladoras das escolhas afetivas dessas mulheres.[87]

As mulheres demonstraram poder de escolha ao questionar a masculinidade de seus parceiros e a sua própria feminilidade, colocando em xeque as normas de gênero vigentes e trazendo para si a decisão de romper os relacionamentos.

As mulheres negras de classe média tiveram os seus relacionamentos classificados entre aqueles com homens negros pobres e com homens brancos estrangeiros. No primeiro caso, classe e gênero pesaram nas escolhas afetivas. Com os homens negros pobres, as mulheres investiram capital financeiro nos relacionamentos, subvertendo papéis de gênero que delas eram esperados e se empoderando. Contudo, esse empoderamento gerou conflitos e desequilíbrios em suas relações amorosas. Tais conflitos geraram, por sua vez, noções de solidão como ausência de companheirismo, de um lado, e ressignificação sobre a própria autonomia, de outro:

> Gênero, aqui, é um lugar constituído por lutas políticas e simbólicas travadas pelos agentes em disputa. Dentre essas lutas, as hierarquias de gênero e de classe tensionaram mais do que as de raça, impedindo o modelo de relacionamento afetivo estável entre mulheres negras de camada média com homens negros de camada popular.[88]

---

86 Ibid., p. 350.

87 Ibid., p. 351.

88 Ibid., p. 354.

No caso das mulheres que se relacionaram com homens brancos estrangeiros, raça foi o fator preponderante, manifestando-se através dos estereótipos negativos e hiperssexualizantes atribuídos a elas pelo imaginário social.

Finalmente, ao retornar à pergunta sobre a origem da solidão, Pacheco demonstra que há sentidos negativos, como de falta de companheirismo e fonte de dor, mas também positivo, por meio de ressignificações, falando mesmo em empoderamento. Em suas palavras:

> Por último, pode-se afirmar que as mulheres negras investigadas, dos dois grupos estudados, tentaram burlar a solidão, isto é, a ausência de parceiros, atribuindo-lhes significações produzidas numa rede de emaranhados de categorias que denotam maneiras de pensar e de negociar às [sic] suas escolhas, na busca por outros caminhos, novos espaços sociais. Esses espaços se materializaram no trabalho, na família, na política, na comunidade, no bairro, na escola, no sindicato, na religião; produziram novas redes de relações sociais, redefinindo-as, quebrando tabus, lutando contra a opressão, politizando os seus corpos por meio de novos contextos corporificados. A solidão foi lida, na maioria das vezes, por essas mulheres, como um signo de libertação e não de submissão como quer o "feminismo" descontextualizado, que insiste em negar as diversas experiências (sociais e afetivas) dos sujeitos e de seus corpos, que nem sempre são "brancos de classe média e heterossexual". A solidão é uma categoria ambígua, circulante.[89]

Retornando aos questionamentos que apresentei no começo deste tópico, faço os seguintes comentários: não existe uma interpretação unívoca do que significa solidão, a qual decorre de fatores externos, como as tendências maritais e de união consensual, mas também dos significados que as próprias mulheres atribuem a essa vivência. Além disso, vivemos na sociedade brasileira atual mudanças nas configurações familiares, com aumento do número de pessoas vivendo em uniões estáveis e se divorciando, o que significa que a população como um todo vem questionando e reorganizando os modelos familiares considerados tradicionais. Casar-se ou viver em união estável não depende apenas de encontrar um(a) parceiro(a) afetivo, mas também das condições socioeconômicas dos indivíduos (casar-se civil e religiosamente pode ser caro) e das crenças religiosas de cada um(a).

Por fim, sobre o que se entende por família, casamento e união estável, são perguntas que fiz a mulheres negras, por meio de formulário *online* que será melhor destrinchado no capítulo 4. Não pretendo, contudo, apresentar conclusões que esgotam o entendimento de todas

---

89 Ibid., p. 357-358.

as mulheres negras brasileiras, tampouco daquelas do estado de São Paulo, mas tão-somente dar um panorama da amostra alcançada que pode nos ajudar a compreender em que estado se encontram as dinâmicas afetivas nesse momento histórico.

2. A SITUAÇÃO JURÍDICA DA "MULHER" NO DIREITO DE FAMÍLIA: DE 1916 A 2019

No presente capítulo, trato da evolução legislativa do Direito de Família do século XX até o momento, com enfoque nos efeitos das alterações sobre as mulheres.

Entretanto, o termo "mulher" está entre aspas por uma razão: para além da análise legislativa, tão profundamente feita por outros autores que vieram antes de mim, pretendo trazer a perspectiva das intersecções que fazem parte da vida de outros grupos de mulheres historicamente marginalizados neste ramo das ciências humanas: as mulheres negras.

Na busca por textos que falassem de emancipação feminina em termos de família, percebi a falta de diálogo com outros ramos das ciências humanas, como as ciências sociais, que há algum tempo tratam de feminismo e feminismo negro.

A ideia, entretanto, não é condenar os escritos anteriores, mas dar voz a quem vem sendo negligenciada até então.

Assim, apontarei primeiro quais foram as principais mudanças na legislação brasileira em termos de família. Seguirei falando da mudança do paradigma do Direito de Família, hoje chamado por alguns autores de Direito das Famílias – com muito fundamento, por sinal –, do patrimonialismo ao afeto.

Essa virada de perspectiva é fundamental para entendermos por que hoje tentar se amarrar em moralismos individuais ou de grupos conservadores não é justificativa para a não proteção de situações antes consideradas absurdas, como é o caso das uniões estáveis plúrimas ou paralelas.

Por fim, farei uma crítica à falta de abordagem das mulheres negras pelos doutrinadores, não porque exista uma balança entre mulheres brancas e negras, mas sim porque, não só no século XX como hoje, há um abismo de diferenças estruturais que nos separam de outros grupos de mulheres.

2.1. A MULHER UNIVERSAL NO DIREITO DE FAMÍLIA

Para desenvolver um trabalho sobre a situação jurídica da mulher, é necessário trazer à baila a maneira como o sujeito "mulher" é tratado pela doutrina, em especial no Brasil.

Nos textos analisados sobre o desenrolar do Direito de Família,[90] tem-se como marcos legais considerados avanços nos direitos civis das mulheres: o Estatuto da Mulher Casada (Lei nº 4.121/1962), a Lei do Divórcio (Lei nº 6.515/1977), as leis que regularam a união estável – antes denominada de concubinato (Lei nº 8.971/1994 e Lei nº 9.278/1996), a Constituição de 1988 e o Código Civil de 2002 (Lei nº 10.406/2002).

O Estatuto da Mulher Casada entrou em vigor em 1962. Por meio desta lei, a mulher casada deixou de ser considerada relativamente incapaz. Sobre o tema, assim discorre Maria Berenice Dias: "Segundo os cálculos de Paulo Lôbo, foram necessários 462 anos para a mulher casada deixar de ser considerada **relativamente incapaz** (Estatuto da Mulher Casada – L 4.121/62) e foram necessários mais 26 anos para consumar a igualdade de direitos e deveres na família (Constituição de 1988)".[91]

Ora, a que mulheres a autora se refere?

Maria Berenice Dias é uma respeitada advogada de direito de família no Brasil, com um longo histórico de luta no Judiciário por garantias dos direitos das mulheres e LBGTs, mas peca pela universalização da mulher. Isto porque até 1888, a mulher negra não poderia sequer ser considerada relativamente incapaz, pois era juridicamente *res*, coisa, propriedade. E isso não é motivo para ser ignorada pela abordagem sobre o direito de família.

Ainda nesse tema, Luiz Carlos de Azevedo discorre:

> Colhida na revolução das massas, violentada pelo transcurso de dois intensos conflitos, exigiram-se da mulher responsabilidades que até então lhe haviam sido negadas: não mais a imagem do quadro de Delacroix, onde a sua figura imaginária da heroína conduzia combatentes além das trincheiras, mas o retrato da mulher do pós-guerra, senhora da casa, filhos à mão, marido morto em combate, disposta a superar o preconceito, a indiferença, até a hostilidade. E soube fazê-lo, conquistando, desde então, os direitos que a igualdade de tratamento exigia, conseguindo erradicar os modelos restritivos de comportamento e os obstáculos que as leis ainda conservavam.[92]

---

90 DIAS, Op. Cit., 2010; AZEVEDO, Luiz Carlos de. **Estudo histórico sobre a condição jurídica da mulher no direito luso-brasileiro desde os anos mil até o terceiro milênio**. São Paulo: Editora Revista dos Tribunais; Osasco: Centro Universitário FIEO – UNIFIEO, 2001; PEREIRA, Rodrigo da Cunha. **Direito de Família:** uma abordagem psicanalítica. Belo Horizonte: Del Rey, 2003; MADALENO, Rolf. **Curso de Direito de Família**. 4ª ed. Rio de Janeiro: Forense, 2011; além de outros citados no capítulo de referências.

91 DIAS, Op. Cit., 2010, p. 97, grifos no original.

92 AZEVEDO, Op. Cit., 2001, p. 62.

Pós-guerra? Senhora da casa? Marido morto em combate? O autor em comento escreveu o livro chamado **Estudo Histórico sobre a condição jurídica da mulher no direito luso-brasileiro desde os anos mil até o terceiro milênio**. Apesar de o Brasil ter tido alguma participação na Segunda Guerra Mundial, associar esse conflito a consequências diretas sobre as mulheres brasileiras é eurocêntrico e parte mais uma vez de uma noção universal de mulher, desta vez da mulher branca europeia.

A exclusão das mulheres negras e de outras mulheres não brancas do discurso feminista não é novidade e vem sendo apontado por estudiosas há alguns anos. No Brasil, temos como representantes destas intelectuais Lélia Gonzalez e Sueli Carneiro, por exemplo. Gonzalez, em seu artigo intitulado "Racismo e Sexismo na Cultura Brasileira",[93] traz à tona as nuances do racismo à brasileira e como isso afeta diretamente as mulheres negras. Fala da noção de mucama e mulata, da mãe preta e de como os movimentos sociais insistem em ignorar as questões de raça e gênero.

Mas não só. A autora aponta o papel da mulher negra nas relações afetivas em contraposição à "sagrada" mulher branca. Como foi dito no tópico da introdução, a formação do direito de família brasileiro ocorre com base na sacralização das relações, tanto que a família, na vigência do Código Civil de 1916, era formada apenas pelo casamento.

Gonzalez traz um relato que merece ser incluído neste trabalho:

> Não faz muito tempo que a gente estava conversando com outras mulheres, num papo sobre a situação da mulher no Brasil. Foi aí que uma delas contou uma história muito reveladora, que complementa o que a gente já sabe sobre a vida sexual da rapaziada branca até não faz muito: iniciação e prática com as crioulas. É aí que entra a história que foi contada prá gente (brigada, Ione). Quando chegava na hora do casamento com a pura, frágil e inocente virgem branca, na hora da tal noite de núpcias, a rapaziada simplesmente brochava. Já imaginaram o vexame? E onde é que estava o remédio providencial que permitia a consumação das bodas? Bastava o nubente cheirar uma roupa de crioula que tivesse sido usada, para "logo apresentar os documentos" [...].[94]

Os estereótipos gerados sobre o que é ser mulher negra no Brasil têm relação direta com o seu preterimento pelos homens no que se refere às relações afetivas, isso em se tratando de relações heteroafetivas. A imagem da mulher negra enquanto mulata e doméstica, a hegemonia da "branqui-

---

93 GONZALEZ, Lélia. Racismo e Sexismo na Cultura Brasileira. **Revista Ciências Sociais Hoje**, Anpocs, pp. 223-244, 1984.

94 Ibid., p. 234.

tude",[95] a baixa autoestima gerada por um ideal eurocêntrico de beleza, além dos constantes silêncios sobre aspectos de raça no movimento feminista contribuem para o imaginário da mulher negra hiperssexualizada.

Assim, um primeiro passo para a abordagem de quaisquer questões jurídicas envolvendo mulheres deve ser reconhecer o silêncio da literatura jurídica sobre as questões raciais e, sobretudo, a importância de entender que mulher não é sinônimo de mulher branca de classe média inserida numa família formada pelo sagrado laço do matrimônio.

As mulheres podem ser negras, transgênero, pobres, indígenas, e todas essas classificações são importantes para entender a dinâmica das relações de gênero no Brasil e acabar de vez com a universalização do sujeito não racializado na história, qual seja, o branco.

2.2. PRINCIPAIS ALTERAÇÕES LEGISLATIVAS: DE 1916 A 2019

O primeiro Código Civil brasileiro foi promulgado em 1916, portanto alguns anos após a proclamação da República, em 1889.

Tratou-se de uma norma editada logo após a abolição da escravidão, com viés bastante patriarcal e etnocêntrico. Isto porque, dentre outras disposições, estabelecia a mulher casada como relativamente incapaz, obrigando-a a adotar o sobrenome do marido. Ademais, a família era formada apenas pelo casamento e havia diferenciação entre os filhos "legítimos" (nascidos a partir do matrimônio), ilegítimos e adotivos.[96]

Com o Estatuto da Mulher Casada, em 1962, a mulher passou a ser sujeito capaz e deixou de necessitar da autorização do marido para trabalhar fora, além de ser instituído o conceito de bens reservados.[97]

Entretanto, a noção de necessidade de autorização do marido para trabalhar, assim como de bens reservados, foca diretamente na realidade das mulheres brancas, uma vez que as mulheres negras, ao longo do século XX, ocuparam majoritariamente cargos de prestação de serviços pessoais, principalmente empregadas domésticas. O censo IBGE de 1950 demonstra isso, como comenta Gonzalez:

> O que então se constatava era o seguinte: nível de educação muito baixo (a escolaridade atingindo, no máximo, o segundo ano primário ou o primeiro

---

95 CARNEIRO, Sueli. Mulheres em movimento. **Estudos Avançados**, São Paulo, v. 17, n. 49, 2003, p. 122.

96 DIAS, Op. Cit., 2010.

97 Ibid.

grau), sendo o analfabetismo o fator dominante. Quanto às atividades econômicas, apenas 10% trabalhavam na agricultura e/ou na indústria (sobretudo têxtil, e em termos de sudeste-sul); os 90% restantes, concentrados na área de prestação de serviços pessoais.[98]

Além disso, as mudanças feitas pelo referido Estatuto foram tímidas se comparadas com as demandas por igualdade entre gêneros, pois diversos dispositivos controladores da sexualidade feminina permaneceram. Como aponta Rodrigo da Cunha Pereira:

> Foi sem dúvida um avanço legislativo e pode-se dizer até mesmo que corrigiu algumas aberrações. Outras ainda permaneceram nesse Código, como, por exemplo, a que considera erro essencial de pessoa o defloramento da mulher, ignorado pelo marido, como causa para anulação de casamento (arts. 218, 219, IV). Da mesma forma, aquele Estatuto não revogou o art. 1.744, III, que autoriza o pai a deserdar a filha que vive sob o seu teto, por desonestidade, entendendo-se por desonesto o comportamento sexual em desacordo com a moral paterna.
> O Estatuto da Mulher Casada, embora tenha dado nova redação ao art. 233 do Código Civil de 1916, manteve o instituto, com todas as suas consequências, fazendo, portanto, subsistir a hierarquia na sociedade conjugal.[99]

Em 1977, promulgou-se a Lei do Divórcio (Lei nº 6.515/1977), permitindo-se a separação judicial, o direito a alimentos para a mulher e o regime presumido de comunhão parcial de bens.[100] Entretanto, com o Código Civil de 1916 ainda em vigor, persistiu o tratamento diferenciado entre homens e mulheres, cuja igualdade jurídica avançou de certa forma a partir da assinatura com reservas, pelo Brasil, da Convenção sobre a Eliminação de Todas as Formas de Discriminação contra a Mulher da ONU, em 1984.

A Constituição de 1988 previu a igualdade jurídica entre homens e mulheres, reconheceu a união estável e a família monoparental como entidades familiares e proibiu a diferenciação entre os filhos.

As Leis nº 8.971/1994 e nº 9.278/1996 vieram, sucessivamente, para regulamentar a união estável, a primeira regulando o direito a alimentos e sucessões entre pessoas não casadas e a segunda, os direitos das uniões consensuais em geral.[101]

---

98 GONZALEZ, Op. Cit., 1984, p. 96.

99 PEREIRA, Op. Cit., 2003, p. 65.

100 DIAS, Op. Cit., 2010, p. 99.

101 ITABORAÍ, Op. Cit., 2017.

Traçando uma linha do tempo sobre o tratamento dado à filiação ao longo do século XX, Nathalie Itaboraí explica que:

> Em 1941, o Decreto-Lei n. 3.200 deu o primeiro passo para o reconhecimento ao determinar que não se fizesse menção nas certidões de registro civil sobre a forma de filiação. Em 1942, o Decreto-lei n. 4.735 estabeleceu que o filho havido pelo cônjuge fora do matrimônio pode, depois do desquite, ser reconhecido ou demandar que se declare sua filiação. Em 1943, o Decreto-lei n. 5.213 possibilita que o pai fique com a guarda do filho natural, se assim o tivesse reconhecido. Em 1949, a Lei n. 883 permite que os filhos havidos fora do matrimônio pudessem ser reconhecidos, após dissolvida a sociedade conjugal, e em seu artigo 4º permite a investigação de paternidade extramatrimonial, mas só para fins de alimento e em segredo de justiça, ou seja, o pai pode pagar alimentos, mas não pode registrar o filho. Em 1977, a lei n. 6.515 permite o reconhecimento da paternidade ainda na constância do casamento, desde que em testamento cerrado. Em 1984, a Lei n. 7.250 permitiu o reconhecimento de filho adulterino, se o pai estivesse separado de fato do seu cônjuge por mais de cinco anos.[102]

Como observa a autora, o reconhecimento dos filhos estava diretamente atrelado ao estado civil dos pais, dando-se especial relevância ao casamento, já que a instituição do matrimônio era considerada a base da formação familiar.

Atualmente, estão em vigor o Código Civil de 2002 (Lei nº 10.406/2002), a Lei Maria da Penha (Lei nº 11.340/2006), o Código de Processo Civil de 2015 (Lei nº 13.105/2015), além de outras normas pertinentes, como a Lei de Alimentos (Lei nº 5.478/1968), a qual permanece vigente.

Entretanto, o Código Civil em vigor continua priorizando a família formada pelo casamento, bastando apenas um simples passar de olhos pelo Livro IV – Do Direito de Família para perceber isso.

Os operadores do direito permanecem impondo um modelo de família sacralizada pelo casamento, pois a própria disposição da união estável na Constituição assim está escrita: "Artigo 226, §3º Para efeito da proteção do Estado, é reconhecida a união estável entre o homem e a mulher como entidade familiar, devendo a lei facilitar sua conversão em casamento".[103]

Vale lembrar que até 1988 as uniões estáveis eram chamadas de concubinato, um termo pejorativo usado para designar famílias "ilegítimas", as-

---

102 Ibid., p. 181.

103 BRASIL. Constituição da República Federativa do Brasil de 1988. Brasília, 5 de outubro de 1988. Disponível em: <http://www.planalto.gov.br/ccivil_03/constituicao/constituicao.htm>. Acesso em 19 mar. 2017.

sim como concubina designava a "amante". E o papel de amante, num país racista como o Brasil, que permanece perpetuando estereótipos de raça e gênero, pode ter sido relegado ao longo dos anos às mulheres negras.

Nesse sentido, vale o retorno ao texto de Gonzalez:

> Mais adiante, citando José Honório Rodrigues, ela se refere a um documento do final do século XVIII pelo qual o vice-rei do Brasil na época excluía de suas funções de capitão-mor que manifestara "baixos sentimentos" e manchara seu sangue pelo fato de se ter casado com uma negra. Já naqueles tempos, observa-se de que maneira a consciência (revestida de seu caráter de autoridade, no caso) buscava impor suas regras do jogo: **concubinagem tudo bem, mas casamento é demais**.[104]

Por fim, vale perpassar a Lei Maria da Penha, a qual traz algumas questões processuais relativas ao Direito de Família, mas é essencialmente de caráter penal, visando proteger a mulher da violência de gênero.

Hoje, no que se refere mais especificamente às relações interpessoais, sabe-se que as mulheres negras são as maiores vítimas de feminicídio no Brasil.[105] Em dez anos, de 2003 a 2013, houve aumento de 54,2% do total de feminicídios de mulheres deste grupo racial, contra uma redução, no mesmo período, de 9,8% no número de mortes de mulheres brancas por violência de gênero.

Após a edição da Lei, houve considerável redução do crescimento da violência contra a mulher, de 7,6% para 2,6% ao ano. Todavia, como já mencionado linhas acima, o debate de feminicídio sem a devida abordagem racial criou discrepâncias nos dados relativos a mulheres negras e brancas, o que deve ser rechaçado em qualquer estudo de gênero.

2.2.1. DO PATRIMÔNIO AO AFETO

No tópico anterior, pontuei as principais alterações nas leis que regulam as famílias no Brasil. Mas o que justificou as referidas alterações?

Hoje se fala sobre a passagem do Direito de Família da perspectiva da proteção do patrimônio para o afeto, de maneira que atualmente as famílias se formam pelo afeto que nutrem entre si, e não para resguardar os bens.

Alexandre Zarias explica muito bem a origem da noção de transmissão de patrimônio por meio da família no direito brasileiro:

---

104 GONZALEZ, Op. Cit., 1984, p. 229, grifo nosso.

105 Negras são maiores vítimas de homicídio de mulheres no País. Disponível em <http://www.brasil.gov.br/defesa-e-seguranca/2015/11/mulheres-negras-sao-mais-assassinadas-com-violencia-no-brasil>. Acesso em 19 mar. 2017.

O Código Civil de 1916 deve muito aos projetos precedentes. Sua estrutura segue a tradição jurídica fixada no Código Civil Alemão de 1896, embora tenha prevalecido em seu conteúdo as ideias francesas, com ênfase nos princípios modernos do Direito Romano. Segundo Halpérin (1992), dos mais de 1.800 artigos do Código Civil de 1916, quinhentos advinham das "Ordenações Filipinas", duzentos tinham base legal-doutrinária, outros duzentos foram emprestados do Esboço de Teixeira de Freitas, obra fiel ao direito luso-brasileiro, e, entre setenta ou cem, tinham como fonte o Código Civil Francês de 1804.

[...] não obstante a inspiração em legislação estrangeira, no Brasil, desenvolveu-se a "propensão da elite letrada para elaborar um Código Civil à sua imagem e semelhança, isto é, de acordo com a representação que, no seu idealismo, fazia da sociedade" (Gomes, 2003, §18). O Código Civil, desse modo, refletia o ideal de justiça e os interesses de uma classe dirigente, europeia por sua origem e formação.[106]

E continua:

> Nesses termos, pode-se afirmar que a história do direito de família é a história dos modos de regulação da transmissão de bens e manutenção do *status* de determinado grupo social, evidentemente daquele que os detêm, ocupando o casamento civil um lugar central nesse processo.[107]

Zarias trata de dois pontos muito importantes na configuração do Direito de Família antes da Constituição de 1988: a origem europeia e o casamento como determinante para a legitimidade do grupo familiar.

Conforme se depreende do texto acima, há uma relação direta entre o disposto no Código Civil de Napoleão, no Código Civil Alemão de 1896, nas Ordenações Filipinas e no Direito Canônico e o texto final do Código Civil de 1916.

No artigo "União estável, concubinato, sociedade de fato: uma distinção necessária", Luis Felipe Santos traça o histórico da união estável até a sua regulação atual, demonstrando as alterações na própria visão do casamento pela Igreja Católica e, posteriormente, pelos ordenamentos influenciados pelo Direito Canônico. Sobre o Código Civil de 1916, o autor escreve:

> Nessa linha, o Código Civil de 1916 ignorou por inteiro as uniões de fato entre pessoas desimpedidas, cuidando exclusivamente de cercar de sanções o concubinato adulterino, no objetivo de resguardar o patrimônio da família re-

---

106 ZARIAS, Alexandre. A família do direito e a família no direito: A legitimidade das relações sociais entre a lei e a justiça. **Revista Brasileira de Ciências Sociais**, São Paulo, v. 25, n. 74, pp. 61-76, 2010, p. 63.

107 Ibid., p. 64.

gularmente constituída pelo casamento. Assim, tratou de impedir doações do concubino casado ao seu "cúmplice" (art. 1.177), de vedar que este fosse instituído beneficiário em seguro de vida (art. 1.474) e de proibir que a concubina de testador casado fosse nomeada herdeira ou legatária (art. 1.719, III).[108]

A partir dos autores citados acima, parece ter havido, de fato, uma preocupação do legislador civilista de 1916 em regular o patrimônio da elite brasileira, afastando do direito as demais formações familiares.

Mas e hoje?

A Constituição de 1988 teve um papel fundamental na mudança de perspectiva da interpretação das demandas familiares. A Carta Maior não criou novas modalidades familiares, mas sim incorporou ao seu texto aquelas já existentes, como as uniões estáveis heteroafetivas, não obstante ainda assim ser bastante limitada em sua abrangência.

Maria Berenice Dias,[109] por exemplo, defende que o legislador constituinte adotou um modelo de família eudemonista e igualitário, com maior espaço para o afeto e a realização individual. Esse espaço se refletiria na igualdade entre todos os filhos, independentemente de sua origem, no reconhecimento da família monoparental e no direito à convivência familiar como prioridade absoluta da criança e do adolescente.

Ademais, Jorge Shiguemitsu Fujita defende o reconhecimento legal da filiação socioafetiva. Em suas palavras:

> Assim, a prova da posse do estado de filho nada tem a ver com a origem da filiação: biológica natural, ou biológica por reprodução humana assistida, ou adotiva, ou por outras formas socioafetivas.
>
> Ela se traduz pela demonstração diuturna e contínua da convivência harmoniosa dentro da comunidade familiar, pela conduta afetiva dos pais em relação ao filho e vice-versa, pelo exercício dos direitos e deveres inerentes ao poder familiar, visando ao resguardo, sustento, educação e assistência material e imaterial do filho.
>
> Enfim, **a posse de estado de filho** poderá resultar na convergência entre a verdade biológica e a verdade afetiva, ou, então, **somente na verdade afetiva, que é mais importante.**[110]

---

108 SANTOS, Luiz Felipe Brasil. União estável, concubinato e sociedade de fato: uma distinção necessária. In: DELGADO, Mário Luiz, ALVES, Jones Figueiredo. **Questões controvertidas no direito de família e das sucessões.** São Paulo: Método, 2005. v. 3. Série Grandes Temas de Direito Privado, p. 227-228.

109 DIAS, Op. Cit., 2010, p. 70.

110 FUJITA, Jorge Shiguemitsu. **O afeto nas relações entre pais e filhos**: filiações biológica, socioafetiva e homoafetiva. Tese (Doutorado em Direito) – Faculdade de Direito, Universidade de São Paulo, São Paulo, 2008, p. 132, grifo nosso.

A importância de entender a mudança de paradigma do Direito de Família da regulação do patrimônio ao afeto está que, em se tratando atualmente de afetividade, o direito tende a ser mais inclusivo, pois não ignora as diversas configurações familiares e seus desdobramentos, patrimoniais ou não.

Com isso, espera-se maior abertura para propostas de regulação inclusivas. Como se verá mais adiante neste trabalho (cf. Capítulo 4), as mulheres negras investigadas seguem o entendimento já apresentado pela doutrina no sentido de relacionar família a amor, afeto e respeito, independentemente de laços sanguíneos ou da existência de um casal como núcleo familiar. Entretanto, o casamento e a união estável são encarados como resguardo de direitos civis para esse grupo historicamente marginalizado, portanto não é possível atrelar a passagem do patrimônio ao afeto como fases de um processo linear. O casamento, como vimos, teve um papel fundamental para mulheres negras libertas, no século XIX, e hoje permanece sendo fonte de segurança patrimonial para mulheres negras, que por vezes entendem o reconhecimento do Estado como importante para a sua proteção jurídica e a de seus filhos, quando os tem ou desejam tê-los.

O que se vê, na verdade, é uma mudança de entendimento jurídico sobre o significado do matrimônio como origem da família, o que não o retira completamente da esfera central do Direito de Família, principalmente quando uma certidão pode fazer toda a diferença para grupos com acesso limitado à Justiça.

2.2.2. NOVAS CONFIGURAÇÕES FAMILIARES (OU NÃO TÃO NOVAS ASSIM)

No tópico anterior, tratei da passagem do Direito de Família do patrimônio ao afeto, em termos de legislação e da sua interpretação pelos operadores do direito. Agora, passo aos chamados "novos" modelos familiares, que nada mais são do que o reconhecimento, pelo Estado, das formas já existentes de se vivenciar a família.

Maria Berenice Dias,[111] ao falar de famílias plurais, traz um conceito de família mais amplo, a partir de uma interpretação constitucional do Código Civil e legislação pertinente, entendendo que a atual concepção de família é definida pelo artigo 5º, inciso III, da Lei Maria da Penha, onde se lê:

> Art. 5º Para os efeitos desta Lei, configura violência doméstica e familiar contra a mulher qualquer ação ou omissão baseada no gênero que lhe cause morte, lesão, sofrimento físico, sexual ou psicológico e dano moral ou patrimonial: [...]

---

111 DIAS, Op. Cit., 2010.

III – em **qualquer relação íntima de afeto**, na qual o agressor conviva ou tenha convivido com a ofendida, **independentemente de coabitação**. Parágrafo único. As relações pessoais enunciadas neste artigo independem de orientação sexual.[112]

Desse modo, família seria definida basicamente pelo afeto e a intenção dos seus membros de constituir uma família.

A autora traz ainda um rol exemplificativo de formas familiares, como a matrimonial, a informal, a homoafetiva, a monoparental, a parental, a pluriparental, a paralela e a eudemonista. A família matrimonial, como o nome já diz, constitui-se pelo matrimônio, a informal pela união estável, a homoafetiva por casais homoafetivos, a monoparental por um dos pais e seus(suas) filhos(as), a parental pelos pais e seus descendentes, a pluriparental por casais com filhos(as) de outras relações, a paralela por relações afetivo-sexuais plúrimas e, por fim, a eudemonista se forma pela busca da felicidade individual de seus membros, independente da configuração familiar.[113]

Como vimos anteriormente (cf. Capítulo 1), a norma da família patriarcal não foi seguida pelas mulheres negras brasileiras ao longo da história, ao menos não à risca, uma vez que referida norma não se referia apenas à configuração familiar, como também aos papéis esperados de cada um de seus membros.

Tampouco as pessoas brancas seguiram essa norma, seja por questões de classe, como a pobreza, impeditiva da reclusão feminina pela necessidade do trabalho fora de casa, seja pela recusa das pessoas, em diferentes gerações, de seguir um modelo único de relacionamento.

Como será melhor detalhado mais à frente neste trabalho (cf. Capítulo 4), as mulheres negras foram excluídas do modelo normativo heteropatriarcal de família por estereótipos hiperssexualizantes, preterimento afetivo e negações de direitos sobre si e seus próprios filhos,

---

112 BRASIL. Lei nº 11.340, de 07 de agosto de 2006. Cria mecanismos para coibir a violência doméstica e familiar contra a mulher, nos termos do § 8o do art. 226 da Constituição Federal, da Convenção sobre a Eliminação de Todas as Formas de Discriminação contra as Mulheres e da Convenção Interamericana para Prevenir, Punir e Erradicar a Violência contra a Mulher; dispõe sobre a criação dos Juizados de Violência Doméstica e Familiar contra a Mulher; altera o Código de Processo Penal, o Código Penal e a Lei de Execução Penal; e dá outras providências. Brasília, DF, ago. 2006. Disponível em: <http://www.planalto.gov.br/ccivil_03/_ato2004-2006/2006/lei/l11340.htm>. Acesso em 10 mai. 2019, grifo nosso.

113 DIAS, Op. Cit., 2010.

mas isso não significa que não reivindiquem viver modelos de família postos, como a matrimonial. O que muda são os papéis exercidos pelos indivíduos dentro dessas famílias e as ressignificações das instituições.

O casamento permanece exercendo função importante na sociedade atual, porque reúne indivíduos de características semelhantes em termos de raça e classe, e perpetua patrimônio dentro do mesmo grupo:

> Considerado dentro dos estudos de parentesco, a partir de uma perspectiva sobretudo antropológica e sociológica, o casamento representa uma aliança pela qual se funda a sociedade como propôs Lévi-Strauss (1982), expressando as interações entre grupos no espaço social que, ao se unirem ou não entre si, deixam claras ora as porosidades, ora as fronteiras que caracterizam a estratificação social em determinada sociedade.[114]

Diversos estudos apontam o padrão homogâmico das relações afetivo-sexuais no Brasil, o que significa, basicamente, que as pessoas tendem a se casar dentro do próprio grupo social,[115] destacando-se principalmente o nível de escolaridade[116] e a raça como fatores determinantes.[117]

Disso decorre que o casamento e as uniões com reconhecimento público, no geral, delineiam o pertencimento social dos indivíduos, para além da garantia de direitos como alimentos ou sucessão hereditária.

O que mudou efetivamente, do século XX até os dias de hoje, foi a percepção social das uniões e das formas de se viver família. Afinal, se a família formada pela hierarquia patriarcal já não faz mais sentido – apesar de fundamentalistas conversadores defenderem o contrário no atual governo federal – dizer que apenas o afeto as constitui me parece ingênuo, porque ainda não existe a possibilidade de pleitear alimentos a um amigo com quem se coabita, por exemplo. O afeto, muito mais do que uma constatação, é uma utopia em termos de reconhecimento pelo Estado. Quantas pessoas LGBT foram expulsas de casa, uniram-se com um(a) companheiro(a) durante a vida inteira e, na sua morte, esse(a) mesmo(a) companheiro(a) não viu seus direitos sucessórios garantidos? E não havia afeto?

Não se pode negar, por outro lado, as conquistas alcançadas pelos movimentos sociais, e nesse ponto, me refiro à Ação Direta de Inconstitucionalidade (ADI) 4277 e à Arguição de Descumprimento de Preceito Fundamental (ADPF) 132, por meio da qual o Supremo

---

114 ITABORAÍ, Op. Cit., 2017, p. 200.

115 Conferir ITABORAÍ, Op. Cit., 2017 e MOUTINHO, Op. Cit., 2004.

116 ITABORAÍ, Op. Cit., 2017.

117 IBGE, Op. Cit., 2010.

Tribunal Federal deu interpretação conforme à Constituição Federal para retirar quaisquer discriminações entre casais homoafetivos e heteroafetivos em relação ao artigo 1.723 do Código Civil.

Refiro-me, ainda, à redução do desequilíbrio de renda entre homens e mulheres em relações heteroafetivas, fruto da luta por igualdade de salários travada pelos movimentos feministas do século XX e XXI. Ainda enfrentamos discrepância salarial, intensificada por marcadores como a raça e a identidade de gênero, e esses fatores pesam nas decisões individuais de permanência no mesmo núcleo familiar. Falo, ainda, da violência contra a mulher no ambiente doméstico, a qual, se por um lado, é fruto da afirmação do poder masculino sobre o corpo da mulher, por outro lado, busca colocá-la de volta no lugar de submissão do qual todas tentamos sair coletivamente.

Famílias plurais existem há muito tempo. A questão é como vamos lidar com a utopia do seu reconhecimento pelo Estado em termos de garantias de direitos entre os seus membros, como a solidariedade familiar, a sucessão hereditária, pensão por morte, preferência no exercício da curatela, dentre outros. Quando vamos reconhecer a legitimidade da adoção por casais homoafetivos, a legitimidade das uniões paralelas, o fim da Lei de Alienação Parental, usada como verdadeiro silenciador de mulheres que denunciam violência praticada por seus companheiros contra os(as) filhos(as)?

São tempos difíceis.

2.3. A JUDICIALIZAÇÃO DOS CONFLITOS FAMILIARES E O ACESSO À JUSTIÇA

Um ponto importante a ser tratado neste trabalho é a relação entre o direito positivado – a letra da lei – e a sua aplicação pelo Judiciário.

Isto porque, em se tratando de uma pesquisa sobre as demandas das mulheres negras e a legislação, não faz sentido não trazer a questão do acesso à justiça e da interpretação judicial dos conflitos.

A partir da abertura da Constituição Federal de 1988 para a afetividade nas relações familiares, tivemos julgamentos emblemáticos no Brasil, como o já mencionado julgamento pelo Supremo Tribunal Federal da Ação Direta de Inconstitucionalidade (ADI) 4277 e da Arguição de Descumprimento de Preceito Fundamental (ADPF) 132, dando interpretação conforme a Constituição Federal para retirar quaisquer discriminações entre casais homoafetivos e heteroafetivos em relação ao artigo 1.723 do Código Civil. Este resultado só foi possível graças às constantes provocações sofridas pelo Judiciário, que o forçaram a tomar posição, pacificando o entendimento jurisprudencial acerca do assunto.

Antes da Constituição, as demandas decorrentes de uniões estáveis, chamadas à época de concubinato puro quando ambos os concubinos não eram casados, foram também cruciais para a sua positivação no ordenamento. Como se observa do texto de Santos,[118] a terminologia foi de concubinato (em sentido amplo e em sentido estrito) para união estável, passando ainda a interpretação da modalidade familiar pela "sociedade de fato". Como bem observa o autor:

> Ademais, não havendo no ordenamento jurídico possibilidade de aplicar-se às relações fáticas as regras relativas à família, visto que somente o casamento é que permitia a formação dessa entidade, os tribunais brasileiros, buscando inspiração no que já se fazia na França desde meados do século XIX, passaram a afirmar que duas pessoas vivendo juntas durante certo tempo, com colaboração recíproca na aquisição do patrimônio, formavam uma *sociedade de fato*, figura que, com o uso da analogia, foi trazida do Direito das Obrigações (art. 1.363 do CC/1916 – art. 983 do CC/2002) para regrar essas situações, visando, em última análise, vedar o enriquecimento ilícito. Não obstante, a sociedade de fato entre concubinos difere das demais (puramente obrigacionais), porque ao início da relação eles não têm um objetivo social definido, o que só vem a surgir no curso do tempo, na medida em que se identifique na relação a *affectio societatis* (elemento subjetivo).[119]

Hoje, demandas cuja origem ainda não tem previsão legal ou confronta a lei diretamente surgem para nos fazer pensar e repensar o Direito de Família.

É o caso das uniões estáveis plúrimas ou paralelas, as quais são uma união estável ou mesmo casamento em que um dos companheiros ou cônjuges, ou ambos, encontra-se em outra união estável ou casamento predecessor.

Rolf Madaleno identificou julgados defendendo o reconhecimento desse tipo de união, apesar de o próprio autor se posicionar contra, por entender não existir lealdade nesta forma de se relacionar. Sobre os precedentes judiciais, assim dispõe:

> E, tem sido cada vez mais frequente deparar com decisões judiciais reconhecendo direitos às uniões paralelas ao casamento ou correlata a outra união afetiva, perfilhando todos os direitos pertinentes ao casamento, como se fosse possível manter dois *casamentos* em tempo integral, para

---

118 SANTOS, Op. Cit., 2005.

119 Ibid., p. 230.

conferir com sua ruptura a divisão do patrimônio conjugal entre três pessoas (*triação*), à razão de um terço dos bens para cada partícipe desse estável triângulo amoroso, além de ordenar a divisão da previdência social entre a esposa e a outra companheira, ou ordenar o duplo pagamento da pensão alimentícia.[120]

Entretanto, por mais importantes que sejam os julgamentos decorrentes da provocação do Judiciário por demandas "polêmicas", há que se questionar quem tem acesso a esse mesmo Judiciário.

Alexandre Zarias traz dados interessantes sobre o tipo de acesso à Justiça obtido pela população paulistana, de acordo com a região da cidade. Assim descreve o autor:

> Quanto mais baixo o nível socioeconômico, menor é a chance de uma pessoa interpor uma ação judicial.
> [...]
> Na capital, o volume de processos distribuídos nas varas de família e sucessões cresceu 19%, enquanto a população aumentou 5% entre 2000 e 2005. Contudo, essa relação não foi uniforme nas doze áreas abrangidas pelos doze foros regionais paulistanos que compunham a circunscrição judiciária da capital nesse período. Da análise do movimento processual de primeira instância nas varas de família e sucessões desses foros, é possível destacar alguns elementos que auxiliam diferenciar os contextos regionais nos quais as experiências de família ligam-se às práticas legais (Tabela 1).
> [...]
> Desse quadro analítico, conclui-se que, em determinadas regiões do município de São Paulo, a população utiliza mais a Justiça para a resolução de litígios de família do que em outras áreas. Por exemplo, na região Central, que tem população estimada em quase 930 mil pessoas, proporcionalmente existem muito mais processos distribuídos nas varas de família e sucessões do que no foro de Santo Amaro, cuja população soma mais de 2,5 milhões de habitantes em 2005.
> [...]
> Na região centro-oeste, há maior proporção de pessoas casadas, ou seja, de pessoas que optam pela formalização legal da união. Além disso, são regiões mais envelhecidas e onde as pessoas se casam mais tarde do que nas demais regiões da cidade. [...] Por isso, nessa região, também é maior a proporção de pessoas separadas e divorciadas do que nas regiões periféricas de São Paulo. Nessas localidades empobrecidas, a população vive em condições que limitam o acesso à justiça. São áreas onde existe maior concentração de pessoas solteiras, mas isso não significa que não se unam. Ao contrário, fazem-no mais cedo e com mais frequência do que nas regiões desenvolvidas, porém sem a formalização legal. Também desfazem a união sem utilizar a

---

120 MADALENO, Op. Cit., 2011, p. 16.

> Justiça, até mesmo entre os casados legalmente. Nas regiões leste e sul do município, que são mais jovens e, portanto, proporcionalmente, têm menos viúvos, encontramos baixos registros do estado civil de casados, separados e divorciados em relação a outras regiões da cidade. O casamento civil e religioso exige despesas com as quais muitos não podem arcar.
>
> [...]
>
> Há, entretanto, uma classe processual especial, que expressa o modo pelo qual diferentes grupos sociais utilizam a Justiça para a resolução de conflitos familiares. Essa classe processual diz respeito aos processos de alimentos (Lei 5.478 de 25 de julho 1968).
>
> [...]
>
> A porcentagem dos arranjos familiares compostos por pessoas que viviam com um ou mais filhos, mas sem o cônjuge ou companheiro, tinha média superior a 15% – a maior de São Paulo – na maioria dos distritos dos extremos leste e sul do município. É exatamente a área dos foros onde é maior a demanda dos "alimentos de balcão". Desse tipo de arranjo familiar, mais de 90% eram compostos pela mãe e um ou mais filhos.[121]

Os dados de Zarias são interessantes para entendermos quais as demandas que chegam ao Judiciário e as configurações familiares que as precedem.

Em primeiro lugar, as pessoas que residem na região central da cidade de São Paulo são as que mais acessam a Justiça e, nas demandas familiares, buscam divórcio ou separação, além de questões relativas ao Direito aos Sucessões.

Já nas regiões periféricas, as demandas mais comuns são relativas aos "alimentos de balcão", ou seja, ações de alimentos que visam resguardar o direito dos filhos nascidos de uniões estáveis ou não. Também é nesses locais onde residem o maior número de mulheres com um ou mais filhos sem o cônjuge ou companheiro, as mães solos.

Os dados informados demonstram uma discrepância entre o disposto no Código Civil – um Livro quase inteiro sobre casamento – e as relações familiares estabelecidas na zona periférica de São Paulo, além da questão da limitação ao acesso à Justiça.

No capítulo 4, discuto o acesso à justiça pelas mulheres negras investigadas na pesquisa.

---

121 ZARIAS, Op. Cit., 2010, pp. 69-73.

3. DETALHAMENTO DO PROBLEMA DE PESQUISA

3.1. JUSTIFICATIVA DA ESCOLHA DO TEMA E SUA IMPORTÂNCIA

A pesquisa do tema proposto se justifica diante do confronto entre a realidade racial brasileira e a abordagem teórica do direito de família na academia e prática no âmbito dos tribunais e do dia a dia das mulheres negras.

O direito, enquanto campo de estudos dominado quase que apenas pelos seus operadores, deve se abrir para as possíveis consequências da sua aplicação. Além do mais, a própria criação das regras não se faz de maneira imparcial, e o uso da linguagem jurídica deve ser acessível a quem o direito se destina.

A realidade social das mulheres negras no Brasil é dura, considerando não apenas a questão da afetividade, mas também das condições de trabalho, educação e renda. A necessidade de abordagem pela academia e, mais ainda, pelo direito, é premente, pois não há uma cultura nos cursos de direito em tratar de temas tão caros ao cotidiano de cidadãos e cidadãs com recorte de raça e gênero.

O não falar sobre o racismo e o sexismo presentes na maneira como se estrutura o Estado e a sociedade brasileiros é optar pela perpetuação de um *status quo* permeado pelo mito da democracia racial.

Com a presente pesquisa, busquei reconstruir o histórico da legislação civil brasileira, mas dessa vez com enfoque específico em como essa construção afeta a vida das mulheres negras hoje. Dessa forma, busquei reavaliar de que maneira o direito civil e, mais especificamente, o direito de família, contribui (ou não) para a garantia da dignidade da pessoa humana de mulheres negras, seja pela possível negligência, seja pela perpetuação de privilégios da população branca ou não negra.

3.2. OBJETIVOS

3.2.1. OBJETIVO GERAL

Investigar de que maneira as mulheres negras são protegidas, ou não, pelo Direito de Família brasileiro, considerando-se as suas especificidades enquanto grupo racial e de gênero historicamente oprimido e a formação jus positiva brasileira com base no direito (e, portanto, em suas estruturas sociais) europeu-ocidental.

3.2.2. OBJETIVOS ESPECÍFICOS

Traçar o histórico da positivação do direito civil brasileiro, com enfoque no Direito de Família, desde o período colonial até os dias atuais, de maneira a identificar quais foram as influências de outros ordenamentos jurídicos e de outros modelos de sociedade na estruturação do nosso próprio ordenamento.

Avaliar, por meio de levantamento bibliográfico e empírico, como se constituem as relações afetivas da mulher negra atualmente, averiguando-se quais as suas demandas familiares atuais e a qualidade do seu acesso à Justiça.

4. LEIS *VERSUS* DEMANDAS: PERGUNTANDO ÀS MULHERES NEGRAS

4.1. METODOLOGIA DA PESQUISA EMPÍRICA

A presente dissertação de mestrado se desenvolveu por meio de uma pesquisa bibliográfica e empírica, uma vez que se adotou como objetivo geral a exposição da relação entre o direito de família e a mulher negra.

Para a pesquisa empírica, que se desenvolveu por meio de formulário eletrônico, recortei o público para mulheres autodeclaradas negras (pretas e pardas). A idade das mulheres dentro da amostra foi de 0 a 11 anos a mais de 60 anos, com predominância das faixas etárias entre 18 e 29 anos (jovens adultas) e 30 e 59 anos (adultas). No que tange à identidade de gênero, 97,4% se declaram cisgêneras. Quanto à sexualidade, 64,7% se declararam heterossexuais, 24,2% bissexuais, 4,2% lésbicas, 3,7% preferiram não declarar, 2,1% marcaram a opção "pansexual", 0,5% "assexual" e 0,5% marcou a opção "gay". No que se refere à ocupação, a maioria das respondentes tem emprego com carteira assinada (24,7%), seguindo-se de um número próximo entre aquelas autônomas (18,9%), funcionárias públicas (17,4%) e desempregadas (18,4%), um número menor de empregadas sem carteira assinada (11,6%), 6,8% de empresárias e 2,1% de donas de casa. Quanto à renda, 47,4% tem renda individual de até 2 salários mínimos, mas, quando perguntadas sobre a renda familiar, esse percentual cai para 15,3%. Em relação à escolaridade, 65,8% possuem pelo menos o nível superior. Se considerarmos aquelas que estão cursando a universidade, temos um público predominantemente universitário (89,5%). Por fim, quanto ao estado de residência, 68,9% residem em São Paulo, seguidas das residentes no Rio de Janeiro (19,5%), o que demonstra a concentração da amostra no eixo Rio-São Paulo (88,4%).

Por meio desta pesquisa empírica, procurei entender quais são as principais demandas familiares das mulheres negras entrevistadas, se elas procuram se casar ou viver em união estável, se vivem ou pretendem viver experiências afetivas com pessoas do gênero oposto ou do mesmo gênero e que tipo de afetividade buscam nessas relações. Também pretendi entender se estas mulheres buscaram o Judiciário e, se sim, como foi essa experiência.

4.1.1. TIPO DE PESQUISA

Para alcançar os objetivos da pesquisa, fiz levantamento bibliográfico, cujos resultados podem ser lidos nos capítulos anteriores e na análise das respostas ao questionário. Este foi elaborado, compartilhado e analisado como parte de uma pesquisa empírica qualitativa, a qual:

> [...] usa o texto como material empírico (em vez de números), parte da noção da construção social das realidades em estudo, está interessada na perspectiva dos participantes, em suas práticas do dia a dia e em seu conhecimento cotidiano relativo à questão em estudo.[122]

Tendo em mente os objetivos gerais e específicos da pesquisa, e após seleção e leitura bibliográfica, elaborei um questionário com cambos abertos e fechados, distribuído nas redes sociais através da técnica *snowball* (bola de neve). Sobre a bola de neve:

> O tipo de amostragem nomeado como bola de neve é uma forma de amostra não probabilística, que utiliza cadeias de referências. Ou seja, a partir desse tipo específico de amostragem não é possível determinar a probabilidade de seleção de cada participante na pesquisa, mas torna-se útil para estudar determinados grupos difíceis de serem acessados.
>
> A execução da amostragem em bola de neve se constrói da seguinte maneira: para o pontapé inicial, lança-se mão de documentos e/ou informantes-chaves, nomeados como *sementes*, a fim de localizar algumas pessoas com o perfil necessário para a pesquisa, dentro da população geral. Isso acontece porque uma amostra probabilística inicial é impossível ou impraticável, e assim as sementes ajudam o pesquisador a iniciar seus contatos e a tatear o grupo a ser pesquisado. Em seguida, solicita-se que as pessoas indicadas pelas sementes indiquem novos contatos com as características desejadas, a partir de sua própria rede pessoal, e assim sucessivamente e, dessa forma, o quadro de amostragem pode crescer a cada entrevista, caso seja do interesse do pesquisador. Eventualmente o quadro de amostragem torna-se saturado, ou seja, não há novos nomes oferecidos ou os nomes encontrados não trazem informações novas ao quadro de análise.[123]

A ideia do questionário *online* é combinar a possibilidade de obter respostas espontâneas, alcançar um número considerável de sujeitos que entrevistas pessoais não me permitiriam e utilizar a técnica da bola de neve para impulsionar o alcance que as redes sociais virtuais permitem. Além disso, esse tipo de pesquisa qualitativa pode ser realizado

---

122 FLICK, Uwe. **Desenho da pesquisa qualitativa**. Porto Alegre: Artmed, 2009, p. 16.

123 VINUTO, Juliana. A amostragem em bola de neve na pesquisa qualitativa: um debate em aberto. **Temáticas**, Campinas, v. 22, n. 44, pp. 203-220, ago./dez., 2014, p. 203.

num espaço de tempo consideravelmente menor em comparação com os estudos de caso ou entrevistas pessoais e, ainda, permite análises de mais pessoas, as quais, posteriormente, podem ser aprofundadas através de outras técnicas de coleta de dados.

4.1.2. COLETA DE DADOS

O questionário foi dividido em quatro seções: 1) perspectivas familiares, 2) acesso à Justiça, 3) informações pessoais e 4) comentários (opcional).

A princípio, seguindo a técnica de bola de neve, procurei as minhas "sementes", ou seja, as pessoas que iriam não apenas responder ao questionário como também divulgá-lo para outras pessoas, no meu perfil pessoal do *Facebook*, além de utilizar o *Instagram Stories* e compartilhar o formulário com meus amigos pessoais pelo *WhatsApp*, tanto individualmente quanto em grupos.

Figura 1 – Publicação de divulgação do questionário online no *Facebook*

Fonte: Elaboração própria a partir do perfil pessoal no *Facebook*.

Na rede social *Facebook*, alcancei diretamente sessenta pessoas e obtive quarenta compartilhamentos, como se observa na Figura 1. Isso não significa que apenas sessenta pessoas viram a publicação ou mesmo que todas responderam – mesmo porque nem todos os meus contatos se enquadram no perfil respondente buscado –, mas sim que, a priori, sessenta pessoas reagiram à publicação, a qual foi compartilhada quarenta vezes. Estes são os números possíveis de obter observando o meu perfil no *Facebook*.

Importa mencionar que tenho 2.684 "amigos" nesta rede social, o que não significa que todos esses perfis veem as minhas publicações *online*, já que o conteúdo exibido para cada usuário depende de uma série de fatores, definidos pelo comportamento de cada perfil na rede, a sua geolocalização e aquilo que pode ser considerado relevante para cada um.[124]

No *Instagram Stories*, por sua vez, obtive um alcance maior de visualizações contabilizadas – 301, como se observa nas Figuras 2 e 3:

Figura 2 – Captura de tela da primeira publicação no *Instagram Stories* divulgando o formulário.

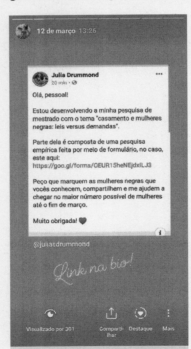

Fonte: Elaboração própria a partir do perfil pessoal no *Instagram*.

---

[124] Para mais informações, acesse ELER, Guilherme. A 'corrente' dos 25 amigos do *Facebook*. E como funciona o *feed*. **Nexo Jornal**, São Paulo, 6 set. 2018. Disponível em: <https://www.nexojornal.com.br/expresso/2018/09/06/A--%E2%80%98corrente%E2%80%99-dos-25-amigos-do-Facebook.-E-como-funciona-o-feed>. Acesso em 17 abr. 2019.

Figura 3 – Captura de tela da segunda publicação no *Instagram Stories* divulgando o formulário online.

Fonte: Elaboração própria a partir do perfil pessoal no *Instagram*.

Entretanto, diferentemente do *Facebook*, no *Instagram* não há possibilidade de disponibilizar a URL (*Uniform Resource Locator*) do formulário diretamente quando se tem menos de dez mil seguidores, de modo que, para acessar o questionário, a pessoa teria de acessar o meu perfil e clicar no *link* disponibilizado, o que poderia dificultar o acesso e, por sua vez, desestimular o preenchimento do questionário. De qualquer modo, duas mulheres me pediram o *link* do questionário por meio de mensagem privada no *Instagram*, o que pode demonstrar que, apesar das dificuldades de acesso, a divulgação por este meio despertou interesse em algumas pessoas.

Por sua vez, pelo *WhatsApp*, divulguei o questionário e solicitei que os meus contatos repassassem a mensagem.

Figura 4 – Captura de tela da mensagem de divulgação do questionário enviada através do *WhatsApp*.

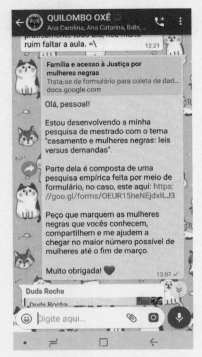

Fonte: Elaboração própria a partir do texto divulgado utilizando número de telefone pessoal no *WhatsApp*.

Não há como saber quantas pessoas compartilharam, tampouco para quantos contatos ou grupos, mas algumas das minhas "sementes" me informaram que, além de compartilharem, receberam o *link* do formulário *online* em grupos nos quais não temos conexão. Isso pode significar que houve, de fato, um alcance além do esperado, de modo que o questionário atingiu não apenas pessoas do meu círculo de "laços fortes", mas também os "laços fracos". Em outras palavras:

> Nas redes de "Laços Fortes" há uma identidade comum, as dinâmicas geradas nessas interações não se estendem além dos *clusters*, por isso mesmo, nas referidas redes procuramos referências para a tomada de decisão; são relações com alto nível de credibilidade e influência. Indivíduos que compartilham "Laços Fortes" comumente participam de um mesmo círculo social, ao passo que os indivíduos com os quais temos relações de "Laços Fracos" são importantes porque nos conectam com vários outros grupos, rompendo a configuração de "ilhas isoladas" dos *clusters* e assumindo a

configuração de rede social. Nesse sentido, as relações baseadas em "Laços Fortes" levam a uma topologia da rede, isto é, definem a configuração dos nós da rede de conexões entre os indivíduos no ciberespaço, no qual as relações de "Laços Fracos" funcionam como *bridges* desses *clusters*. Quanto menos relações de "Laços Fracos" existirem numa sociedade estruturada em *clusters* ("Laços Fortes"), menos *bridges* e menos inovação.[125]

Disso podemos inferir que o formulário online, ainda que sem quaisquer pretensões estatísticas ou probabilísticas, pode ter, ao menos ligeiramente, saído do círculo de pessoas que pensam de maneira semelhante a mim, alcançando mulheres negras de diferentes círculos sociais. Entretanto, uma das limitações da técnica de bola de neve é o alcance limitado de pessoas diferentes em termos de vivências e pensamentos, já que as conexões se dão a partir do círculo social do pesquisador. Por isso, saber que o questionário chegou a grupos com pessoas que desconheço pode ser um sinal de que houve, de certa forma, o abrandamento dessa limitação.

O questionário foi feito utilizando-se a plataforma *Google Forms*, que é gratuita. Permaneceu disponível para respostas de 12 a 29 de março de 2019.

Obtive 198 respostas, das quais a maior parte veio nos primeiros dias de divulgação (de 12 a 16 de março).

4.1.3. SELEÇÃO DOS SUJEITOS

Em se tratando de formulário *online* compartilhado pela técnica de bola de neve, não tive controle sobre o seu alcance. Contudo, o objetivo era chegar até mulheres autodeclaradas negras, ou seja, pretas ou pardas, para que respondessem sobre as suas percepções sobre família e acesso à Justiça.

Na tentativa de estimular as respostas e impedir que as mulheres respondentes desistissem de preencher o formulário até o fim com medo de se identificarem ou mesmo acharem o preenchimento cansativo, deixei o campo de informações pessoais como penúltima seção (Seção 3).

O formulário era anônimo e evitei perguntas que pudessem identificar as mulheres. Na Seção 3, solicitei as seguintes informações pessoais, todas de preenchimento obrigatório: 1) Quantos anos você tem?; 2) Qual a sua identidade de gênero?; 3) Qual a sua orientação sexual? 4) Qual a sua cor/raça?; 5) Qual a sua ocupação? 6) Qual a sua renda individual? 7) Qual a sua renda familiar? Considere a sua renda somada a de outras

---

125 KAUFMAN, Dora. A força dos "laços fracos" de Mark Granovetter no ambiente do ciberespaço. **Galaxia**, São Paulo, n. 23, pp. 207-218, jun. 2012, p. 208.

pessoas que moram com você e contribuem com o sustento da casa.; 8) Qual o seu nível de escolaridade? 9) Em que estado você mora?

Após excluir da contagem as pessoas respondentes não negras, obtive os resultados a seguir.

4.1.3.1. IDADE

A pergunta sobre a idade foi feita classificando-se as pessoas em seis grupos:

a. 0 a 11 anos: crianças, conforme o artigo 2º da Lei 8.069/1990 – Estatuto da Criança e do Adolescente;

b. 12 a 15 anos: adolescentes absolutamente incapazes, conforme o artigo 2º do ECA combinado com o artigo 3º da Lei nº 10.406/2002 – Código Civil. A Lei nº 13.811/2019 alterou o artigo 1.520 do Código Civil para proibir o casamento de menores de 16 anos em qualquer circunstância;

c. 16 a 17 anos: adolescentes relativamente incapazes, conforme o artigo 2º do ECA combinado com o artigo 3º do Código Civil. Nesse caso, podem contrair matrimônio desde que preenchidos os requisitos do artigo 1.517 do Código Civil e demais dispositivos aplicáveis à espécie;

d. 18 a 29 anos: pessoas capazes para os atos da vida civil, porém consideradas jovens e tuteladas pelo Estatuto da Juventude – Lei nº 12.852/2013, conforme seu artigo 1º, §1º. O Estatuto se aplica subsidiariamente aos menores de 18 anos e maiores de 15 anos no que não conflitar com o ECA, nos termos do artigo 1º, §2º;

e. 30 a 59 anos: pessoas capazes para os atos da vida civil que não são jovens nem idosas;

f. 60 anos ou mais: pessoas capazes para os atos da vida civil e idosas, conforme artigo 1º da Lei nº 10.741/2003 – Estatuto do Idoso.

Das 190 pessoas respondentes negras, 47,9% (91) tinham entre 18 e 29 anos, portanto jovens adultas; 48,4% (92) tinham entre 30 e 59 anos, enquadrando-se como adultas; 2,6% (5) eram idosas, ou seja, tinham mais de 60 anos; 0,5% (1) era adolescente relativamente incapaz, com idade entre 16 e 17 anos; e, por fim, 0,5% (1) era uma criança. Não houve respostas de adolescentes absolutamente incapazes (entre 12 e 15 anos). Confira o gráfico a seguir:

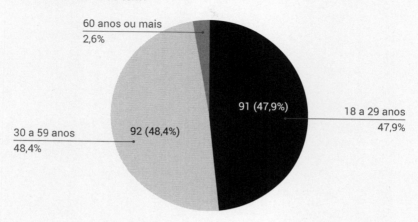

Fonte: Elaboração própria a partir das respostas do formulário *online* utilizado para esta pesquisa.

Um dado me chamou atenção na coleta de dados: o alcance de pessoas adultas e idosas. Isto porque, considerando ter sido a coleta feita através de formulário *online* compartilhado a partir das minhas redes sociais, cujas pessoas que mais interagem, na minha percepção, enquadrar-se-iam na minha faixa etária (26 anos), é interessante notar que o questionário ultrapassou os limites do meu círculo social etário. Isto também pode significar que as minhas redes sociais em si não são compostas apenas por jovens adultos, mas não tenho como precisar o comportamento dos algoritmos do *Facebook* no sentido de quais são as pessoas mais atingidas pelas minhas publicações, com exceção daquelas que ativamente interagem comigo por meio de reações, comentários, compartilhamentos e mensagens privadas.

Considerando o exposto, temos que a idade das mulheres dentro da amostra foi de 0 a 11 anos a mais de 60 anos, com predominância das faixas etárias entre 18 e 29 anos (jovens adultas) e 30 e 59 anos (adultas).

4.1.3.2. IDENTIDADE DE GÊNERO

A questão sobre identidade de gênero buscou traçar o gênero com o qual as respondentes se identificam. Para tanto, não parti do pressuposto de que o gênero é definido pela genitália, mas pela autoidentificação, baseando-me em estudos de gênero recentes e nas reivindicações dos movimentos sociais por respeito à identidade de gênero e pelo fim das mortes e violências em geral praticadas contra a população transgênero, travesti, não-binária, *queer* e outras identidades consideradas desviantes a partir de uma divisão binária de gênero entre homens e mulheres.

Em seu artigo, intitulado "Feminismo, identidade e exclusão política em Judith Butler e Nancy Fraser", Ingrid Cyfer faz uma análise das discussões entre Judith Butler e Nancy Fraser em torno da identidade de gênero e de como a primeira autora deixou lacunas quanto a proposições normativas e Fraser, por sua vez, deixou pontos cegos em seu diagnóstico sobre a exclusão política com base no gênero ao não avaliar a dimensão psíquica da subordinação.[126] Trago este trabalho devido à interpretação de Butler feita por Cyfer, que nos cabe para o propósito do questionário, já que resume a visão da acadêmica norte-americana sobre gênero na década de 1990:

> Seguindo Foucault, Butler afirma que o sexo não corresponde a uma superfície politicamente neutra sobre a qual a cultura incide, mas sim a um produto de discursos científicos que exprimem determinados interesses políticos e sociais. A concepção do sexo como um dado natural é um efeito da construção cultural de comportamentos esperados dos sujeitos. Assim, em Butler, tanto sexo quanto gênero são construções socioculturais, resultam da tentativa de os sujeitos se adequarem a regras sociais que constrangem a mulher a se comportar de modo "feminino", e o homem a agir de modo "masculino". É nesse sentido que Butler afirma que o gênero é performativo, ou seja, que o gênero é constituído por modos de agir associados à feminilidade e à masculinidade.[127]

Parto do pressuposto, assim, de que gênero é uma construção social.

Essa visão já vem sendo aplicada em algumas normas brasileiras, de modo que tomo como exemplo o Decreto nº 58.228/2018, do Município de São Paulo, que:

> Dispõe sobre o uso do nome social e o reconhecimento da identidade de gênero de travestis, mulheres transexuais e homens trans em todos os órgãos da Administração Pública Municipal Direta e nas autarquias, fundações, empresas públicas e sociedades de economia mista municipais, bem como nos serviços sociais autônomos instituídos pelo Município, concessionárias de serviços públicos municipais e pessoas jurídicas referidas no

---

126 CYFER, Ingrid. Feminismo, identidade e exclusão política em Judith Butler e Nancy Fraser. **Idéias**, Campinas, SP, v. 8, n. 1, pp. 247-274, jan./jun., 2017.

127 Ibid., p. 252.

artigo 2º, inciso I, da Lei Federal nº 13.019, de 31 de julho de 2014, que mantenham qualquer espécie de ajuste com a Administração Municipal. [128]

No Decreto, define-se identidade de gênero no artigo 2º, inciso II:

> Para os efeitos deste decreto, entende-se por:
> [...]
> II – identidade de gênero: a dimensão da identidade de uma pessoa que diz respeito à forma como esta se relaciona com as representações de masculinidade e feminilidade e como isso se traduz em sua prática social, sem guardar relação necessária com o sexo biológico.

Percebe-se, portanto, que a administração pública municipal de São Paulo admite gênero como performance a partir da autoidentificação dos sujeitos.

Esta foi, portanto, a linha adotada no formulário disponibilizado para a pesquisa empírica, de modo que classifiquei as categorias como segue:

a. Mulher cisgênero: identifica-se com o gênero feminino, que lhe foi designado quando nasceu;
b. Mulher transgênero: identifica-se com o gênero feminino, mas foi definida como do gênero masculino quando nasceu;
c. Travesti;
d. Homem transgênero: identifica-se com o gênero masculino mas foi definido como do gênero feminino quando nasceu;
e. Não-binário(a): não se identifica nem com o gênero feminino nem com o masculino;
f. Prefiro não declarar.

Do total de 190 respostas, 97,4% marcaram a opção "cisgênero", 1,1% das pessoas se declararam não-binárias, 0,5% se identificou como mulher transgênero, 0,5% como travesti e 0,5% (1) como homem transgênero. Ainda, todas as pessoas declararam a identidade de gênero, não havendo respostas na opção "prefiro não declarar".

---

128 SÃO PAULO (Município). Decreto nº 58.228, de 16 de maio de 2018. Disponível em: <https://leismunicipais.com.br/a/sp/s/sao-paulo/decreto/2018/5822/58228/de-creto-n-58228-2018- dispoe-sobre-o-uso-do-nome-social-e-o-reconhecimento-da-i-dentidade-de-genero-de-travestis- mulheres-transexuais-e-homens-trans-em-to-dos-os-orgaos-da-administracao-publica-municipal-direta-e-nas-autarquias- fun-dacoes-empresas-publicas-e-sociedades-de-economia-mista-municipais-bem-co-mo-nos-servicos-sociais- autonomos-instituidos-pelo-municipio-concessiona-rias-de-servicos-publicos-municipais-e-pessoas-juridicas-referidas-no-artigo-2-inciso-i-da-lei-federal-n-13019-de-31-de-julho-de-2014 -que-mantenham-qual-quer-especie-de-ajuste-com-a-administracao-municipal>. Acesso em 17 abr. 2019.

Gráfico 2 – Identidade de gênero das respondentes.

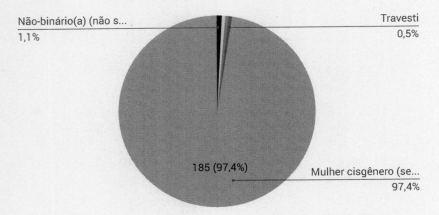

Fonte: Elaboração própria a partir das respostas do formulário *online* utilizado para esta pesquisa.

Permiti que homens transgênero respondessem ao questionário por compreender que, apesar da sua identidade de gênero ser masculina, pessoas que assim se reivindicam poderiam entender relevantes as vivências num corpo por vezes considerado feminino aos olhos da sociedade. Uma pessoa se declarou homem transgênero, de modo que busco, ao longo do texto, utilizar uma linguagem de gênero minimamente neutra (como pessoas ao invés de mulheres) em respeito a essa identidade, porém priorizando a linguagem feminina pela quantidade de mulheres em comparação à de homens.

4.1.3.3. ORIENTAÇÃO SEXUAL

A questão sobre a orientação sexual das pessoas respondentes foi feita com o objetivo de avaliar a preferência afetivo-sexual das investigadas no que se refere ao gênero do(a) outro(a) parceiro(a), caso se relacionem ou venham a se relacionar.

As opções foram:

a. Lésbica: identifica-se com o gênero feminino e sente atração afetiva e/ou sexual apenas por pessoas do mesmo gênero;
b. Bissexual: sente atração afetiva e/ou sexual por pessoas dos gêneros masculino e feminino, independentemente do gênero com o qual se identifica;

c. Heterossexual: sente atração afetiva e/ou sexual por pessoas do gênero oposto, independentemente do gênero com o qual se identifica;
d. Gay: identifica-se com o gênero masculino e sente atração afetiva e/ou sexual por pessoas do mesmo gênero;
e. Assexual: não sente atração afetiva e/ou sexual por quaisquer dos gêneros;
f. Pansexual: sente atração afetiva e/ou sexual por pessoas, independente da identidade de gênero dessas pessoas;
g. Prefiro não declarar.

Das respostas obtidas, 64,7% se declararam heterossexuais, 24,2% bissexuais, 4,2% lésbicas, 3,7% preferiram não declarar, 2,1% marcaram a opção "pansexual", 0,5% "assexual" e 0,5% marcou a opção "gay".

Gráfico 3 – Orientação sexual das respondentes.

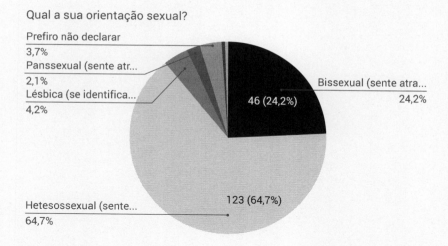

Fonte: Elaboração própria a partir das respostas do formulário *online* utilizado para esta pesquisa.

4.1.3.4. COR/RAÇA

No quesito cor/raça, baseei-me na classificação do Censo Demográfico de 2010 do Instituto Brasileiro de Geografia e Estatística, que classifica a população brasileira por cor (preto, pardo, branco, amarelo) e raça (indígena), tendo esta última categoria sido introduzida a partir do Censo Demográfico de 1991.[129]

O Instituto leva em consideração a classificação das pessoas em raças e cores da pele como fator relevante para análise dos efeitos do preconceito racial no Brasil, partindo do pressuposto de que esse preconceito é de marca, não de origem.[130] Além disso, considera que a maior parte das pessoas se identifica com as categorias ali existentes, havendo variações apenas quanto àquelas situações limítrofes, como pardos, já que, em outras pesquisas, quando da oportunidade de resposta espontânea, optou-se pelas categorias "morena" ou "negro". Reconhece-se, ainda, uma tendência de aumento da autoatribuição dos respondentes como pretos e pardos, o que pode sinalizar também a identificação de parte da população com a negritude de forma positiva.[131]

No formulário utilizado para estre trabalho, busquei informar as respondentes sobre o enfoque em mulheres negras. Ainda assim, algumas pessoas de outros grupos raciais responderam ao questionário, porém suas respostas não são levadas em consideração na análise de dados.

Assim, tem-se como respostas: 80,3% pretas, 15,7% pardas, 2,5% brancas, 1% amarelas e 0,5% preferiu não declarar.

---

129 OSORIO, Rafael Guerreiro. A classificação de cor ou raça do IBGE revisitada. In: PETRUCCELLI, José Luís; SABOIA, Ana Lucia (org.). **Características Étnico-Raciais da População:** Classificações e Identidades. Rio de Janeiro: Instituto Brasileiro de Geografia e Estatística, 2013.

130 Ibid.

131 Ibid.

Gráfico 4 – Cor/Raça das respondentes.

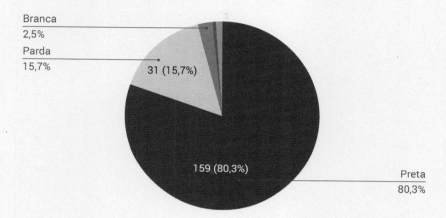

Fonte: Elaboração própria a partir das respostas do formulário *online* utilizado para esta pesquisa.

Uma possível explicação para essas respostas desviantes do objetivo da pesquisa pode ser o compartilhamento em grupos de *WhatsApp* compostos por pessoas que não tem contato com movimentos sociais ou discussões dali advindas, ou mesmo o compartilhamento do *link* do formulário sem o seu texto explicativo. De todo modo, 96% das respondentes se declararam pretas ou pardas, o que não prejudica o objetivo do questionário, portanto.

4.1.3.5. OCUPAÇÃO, RENDA INDIVIDUAL E FAMILIAR, E NÍVEL DE ESCOLARIDADE

As questões relativas à ocupação, renda individual e familiar, e nível de escolaridade foram feitas com o objetivo de avaliar as características socioeconômicas das respondentes, o que pode contribuir para estudos futuros sobre a relação entre raça, trabalho, renda, escolaridade e relações familiares. Além disso, busquei traçar o perfil socioeconômico para delimitar qual o público atingido pelo método escolhido e como essas pessoas vivem suas relações familiares e, dentre as que acessaram a Justiça, em que condições o fizeram.

Dito isso, dentre as respondentes negras, temos a seguinte distribuição:

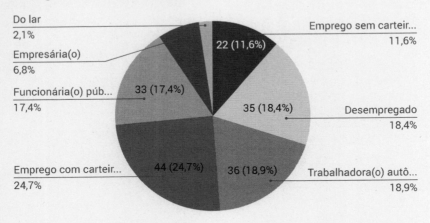

Fonte: Elaboração própria a partir das respostas do formulário *online* utilizado para esta pesquisa.

Tem-se, assim, que a maioria das respondentes tem emprego com carteira assinada (24,7%), seguindo-se de um número próximo entre aquelas autônomas (18,9%), funcionárias públicas (17,4%) e desempregadas (18,4%), um número menor de empregadas sem carteira assinada (11,6%), 6,8% de empresárias e 2,1% de donas de casa.

Quanto à pergunta sobre a renda, esta foi dividida em individual e familiar levando-se em consideração as discrepâncias salariais entre homens e mulheres e possíveis variações que poderiam advir desse dado, já que considerei o padrão de vida da respondente como sendo a soma das rendas das pessoas que trabalham em troca de remuneração numa mesma casa. Esse critério levou em consideração as pontuações de Nathalie Reis Itaboraí, que tem em conta a diferença salarial por gênero, uma vez que as mulheres, ainda que contem com maior nível de escolaridade e ocupem cargos mais altos que seus companheiros, tendem a ganhar menos, o que pode levar o padrão de vida a ser determinado pela renda mais alta e, por conseguinte, a do homem, sendo este companheiro, pai, filho ou tendo outro nível de relação na casa.[132] Considera, ainda, que as condições de vida são usufruídas pelos indivíduos conforme a renda familiar.

---

132 ITABORAÍ, Op. Cit., 2017.

Os níveis de renda foram classificados tendo como embasamento os critérios do Censo Demográfico 2010 do IBGE, mas sem o rigor metodológico de especificidade das fontes de renda.[133] Além disso, para maior simplificação da análise de dados, que, repita-se, não possui fins estatísticos, reduzi as opções para cinco, sendo elas:

a. Até 2 salários mínimos (de R$ 0 a R$ 1.996,00);
b. De 2 a 4 salários mínimos (de R$ 1.997,00 a R$ 3.992,00);
c. De 4 a 10 salários mínimos (de R$ 3.993,00 a R$ 9.980,00);
d. De 10 a 20 salários mínimos (de R$ 9.981,00 a R$ 19.960,00);
e. Acima de 20 salários mínimos (acima de R$ 19.960,00).

Percebe-se, conforme os gráficos a seguir, que há uma redução considerável no número de respondentes com nível de renda familiar de até 2 salários em comparação com aquelas com o mesmo nível de renda individual.

Gráfico 6 – Renda individual das respondentes.

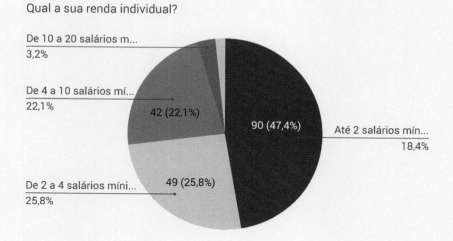

Fonte: Elaboração própria a partir das respostas do formulário *online* utilizado para esta pesquisa.

---

133 INSTITUTO BRASILEIRO DE GEOGRAFIA E ESTATÍSTICA (IBGE). **Censo Demográfico 2010:** Trabalho e Rendimento: Resultados da Amostra. Rio de Janeiro: IBGE, 2010. Disponível em: <https://biblioteca.ibge.gov.br/visualizacao/periodicos/1075/cd_2010_trabalho_rendimento_amostra.pdf>. Acesso em 25 abr. 2019.

Gráfico 7 – Renda familiar das respondentes.

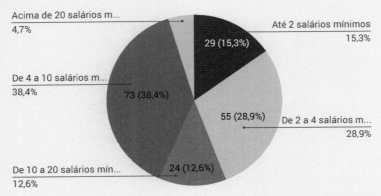

Fonte: Elaboração própria a partir das respostas do formulário *online* utilizado para esta pesquisa.

Por fim, quanto ao nível de escolaridade, percebe-se que, a partir da metodologia adotada, alcancei um percentual considerável de mulheres negras com ensino superior completo, seguido de pós-graduação completa, ensino superior incompleto e pós-graduação incompleta, o que demonstra um recorte de mulheres negras de alto nível de escolaridade, conforme se observa no gráfico abaixo:

Gráfico 8 – Nível de escolaridade das respondentes.

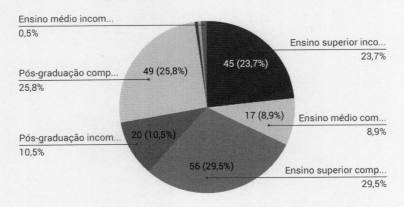

Fonte: Elaboração própria a partir das respostas do formulário *online* utilizado para esta pesquisa.

4.1.3.6. ESTADO DE RESIDÊNCIA

Por fim, quanto ao estado de residência, importa mencionar que a ideia inicial era restringir o público para mulheres negras residentes em São Paulo. Contudo, como o formulário *online* permite um alcance mais abrangente por circular pelas redes sociais, obtive um alcance significativo em outros estados, como o Rio de Janeiro, de modo que tomei a decisão de manter na análise as respostas de todas, independentemente do local de residência. Vale dizer, ainda, que existe a possibilidade de número tão significativo de respostas advindas de residentes no Rio de Janeiro pelo fato de eu ser carioca e ter compartilhado a *URL* do formulário em grupos de *WhatsApp* da minha família.

Assim, verifico a seguinte distribuição de respondentes por estado, conforme gráfico e tabela a seguir:

Gráfico 9 – Estado de residência das respondentes.

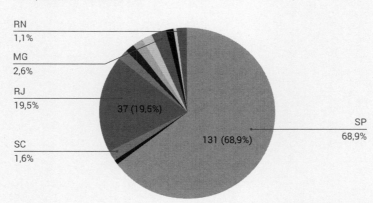

Fonte: Elaboração própria a partir das respostas do formulário *online* utilizado para esta pesquisa.

Tabela 1 – Residência das respondentes, por estado

Em que estado você mora?	Total
BA	2
DF	2
ES	1
GO	2
MG	5
MT	1
PA	2
RJ	37
RN	2
RS	2
SC	3
SP	131
	190

Fonte: Elaboração própria a partir das respostas do formulário *online* utilizado para esta pesquisa.

4.2. ANÁLISE DAS RESPOSTAS

Neste tópico, pretendo analisar as respostas ao questionário, o qual, como já explicado, foi dividido em quatro seções: 1) perspectivas familiares, 2) acesso à Justiça, 3) informações pessoais e 4) comentários (opcional).

A análise de conteúdo foi realizada seguindo a técnica de Bardin, explicada por Silva e Fossá, que a definem como "uma técnica da análise das comunicações, que irá analisar o que foi dito nas entrevistas ou observado pelo pesquisador. Na análise do material, busca-se classificá-los em temas ou categorias que auxiliam na compreensão do que está por trás dos discursos".[134]

Desse modo, foram realizadas as três etapas da análise: 1) pré-análise, que consiste em "sistematizar as ideias iniciais colocadas pelo qua-

---

[134] SILVA, Andressa Hennig; FOSSÁ, Maria Ivete Trevisa. Análise de Conteúdo: exemplo de aplicação da técnica para análise de dados qualitativos. **Qualit@s**, Campina Grande, v. 16, n. 1, pp. 1-14, 2015, p. 2. Disponível em: <http://revista.uepb.edu.br/index.php/qualitas/article/view/2113>. Acesso em 12 mai. 2019.

dro referencial teórico e estabelecer indicadores para a interpretação das informações coletadas",[135] a partir da leitura flutuante do material, da escolha dos documentos, da formulação de hipóteses e objetivos e da elaboração dos indicadores; 2) exploração do material, por meio do qual o material coletado é organizado em unidades de registro;[136] e 3) interpretação dos dados, por meio da qual captam-se "os conteúdos manifestos e latentes contidos em todo o material coletado [...]. A análise comparativa é realizada através da justaposição das diversas categorias existentes em cada análise, ressaltando os aspectos considerados semelhantes e os que foram concebidos como diferentes".[137]

Os dados foram organizados e interpretados na ordem das perguntas dispostas no formulário *online*. As respostas obtidas em questões de múltipla escolha foram organizadas, em geral, em gráficos de pizza ou de barras. Já as respostas obtidas em campos abertos, onde as respondentes tinham a opção de desenvolver suas respostas, foram categorizadas seguindo-se o método da análise de conteúdo descrita acima. Os dados foram classificados em Seção 1: Família e Seção 2: Acesso à Justiça.

Antes de adentrar nas respostas baseadas no conteúdo da pesquisa em si, analiso as respostas à seção de comentários, para já demonstrar a impressão do formulário e do seu tema para as investigadas.[138]

---

135 Ibid., p. 3.

136 As autoras explicam com mais detalhes esta fase, na qual, em suas palavras: "Tomar-se-ão, como unidades de registro, os parágrafos de cada entrevista, assim como textos de documentos, ou anotações de diários de campo. Desses parágrafos, as palavras-chave são identificadas, faz-se o resumo de cada parágrafo para realizar uma primeira categorização. Essas primeiras categorias, são agrupadas de acordo com temas correlatos, e dão origem às categorias iniciais. As categorias iniciais, são agrupadas tematicamente, originando as categorias intermediárias e estas últimas também aglutinadas em função da ocorrência dos temas resultam nas categorias finais. Assim, o texto das entrevistas é recortado em unidades de registro (palavras, frases, parágrafos), agrupadas tematicamente em categorias iniciais, intermediárias e finais, as quais possibilitam as inferências. Por este processo indutivo ou inferencial, procura-se não apenas compreender o sentido da fala dos entrevistados, mas também buscar-se-á outra significação ou outra mensagem através ou junto da mensagem primeira (FOSSÁ, 2003". Ibid., p. 4).

137 Ibid., p. 4.

138 Seguindo a linha de Mirian Goldenberg, o relatório de pesquisa não deve conter apenas os êxitos da investigação, mas também as dificuldades enfrentadas, além das perguntas que não foram respondidas e sugestões de novas pesquisas para res-

No que se refere à impressão das investigadas sobre o tema, elaborei a questão, cuja resposta não era obrigatória, da seguinte forma: "Caso queira, comente sobre o tema abordado neste formulário".

Obtive 43 respostas. De um modo geral, percebi grande interesse pelo tema e pela pesquisa, com respostas como "interessante, levantamento necessário". Houve também manifestações de pesar por se tratar de um assunto delicado, com manifestações como "dificultoso em todos os aspectos". Todas as respostas podem ser conferidas no Apêndice desta dissertação.

Sobre o formulário em si, indaguei: "Caso queira, diga o que achou do formulário, se foi muito longo, se as perguntas estavam claras etc.". Obtive 65 respostas, das quais selecionei algumas que reconheci trazer faltas relevantes no formulário:

"Na questão sobre ações judiciais no âmbito familiar, senti falta da alternativa à respeito de processos de violência doméstica": na Seção 2 (Acesso à Justiça), pedi que, caso a respondente tivesse necessitado entrar com ação na Justiça por questões de família,[139] que selecionasse as matérias do(s) processo(s), deixando a opção "outros" disponível para que especificasse, caso não existisse a opção desejada. Não incluí a opção "violência doméstica" ou "violência contra a mulher" porque, pela classificação do Direito em Civil e Penal e também pela atual competência das Varas de Violência Doméstica e Familiar contra a Mulher, que não inclui demandas de Direito de Família como pedidos de divórcio, fixação de guarda e regime de visitas dos filhos,[140] teoricamente esta

---

pondê-las, cf. GOLDENBERG, Mirian. **A arte de pesquisar**: como fazer pesquisa qualitativa em Ciências Sociais. 8ª ed. Rio de Janeiro: Record, 2004.

139 As questões completas eram: "Você já precisou entrar com ação na Justiça por questões de família, como pensão alimentícia, guarda, visitas, divórcio etc.?" e "Se sim, selecione as matérias do(s) seu(s) processo(s) (é possível selecionar mais de uma opção):". Utilizei a expressão "entrar com ação na Justiça por questões de família" em vez de termos mais técnicos como ajuizar uma demanda familiar, por exemplo, por entender que a primeira é de uso mais corriqueiro por pessoas leigas, de modo a facilitar a compreensão da pergunta. O formulário completo pode ser lido ao final do trabalho.

140 A competência das Varas de Violência contra a Mulher, na verdade, está em disputa porque, apesar de a Lei Maria da Penha (Lei 11.340/2006), em seu artigo 14, prever competência cível e criminal a estes órgãos, na prática, no Estado de São Paulo, as demandas cíveis têm sido afastadas. Vide Enunciado nº 3 do Fórum Nacional de Juízas e Juízes de Violência Doméstica e Familiar contra a Mulher – FONAVID: "A competência cível dos Juizados de Violência Doméstica e

seria uma questão de fora do âmbito familiar, formalmente falando. Entretanto, na prática, a violência contra a mulher está extremamente atrelada ao âmbito doméstico e familiar, considerando, principalmente, que a maior parte dos agressores são conhecidos da mulher, sendo, em grande parte dos casos, cônjuge, companheiro ou namorado, ex-cônjuge, ex-companheiro ou ex-namorado.[141] Nesse sentido, reconheço que falhei ao não incluir "violência doméstica" como um quesito a ser marcado pelas respondentes, as quais a pontuaram na opção "outros".

"Achei sucinto e direto, no entanto me pareceu direcionado para mulheres que enfrentaram questões jurídicas" e *"As perguntas podiam já direcionar para as próximas de acordo com a resposta. Por exemplo, se seleciono 'NÃO' para a pergunta 'se já acionei o poder judiciário', as próximas perguntas relativas a esse tema não precisariam aparecer"*: o uso do formulário online como forma de obter dados tinha dois objetivos principais: levantar como as mulheres negras respondentes pretendem constituir família, a partir da sua própria concepção de família, e avaliar o seu acesso à Justiça por questões familiares. Entretanto, por falha minha na concepção do formulário, não o fechei para respostas na Seção 2 (Acesso à Justiça) a partir da resposta "não" à pergunta "Você já precisou entrar com ação na Justiça por questões de família, como pensão alimentícia, guarda, visitas, divórcio etc.?". Desse modo, diversas mulheres responderam às perguntas seguintes, que não eram direcionadas para pessoas sem demandas judiciais familiares, o que, além de tudo, de acordo com alguns dos comentários ao final do questionário, tornaram-no importuno de se responder.

"Faltou incluir no campo "ocupação" o estágio!": Na Seção 3 (informações pessoais), foi formulada uma questão sobre a ocupação das respondentes. Algumas das investigadas pontuaram a ausência da opção "estágio", o que, de fato, reconheço como uma falha, por ser este também um trabalho por vezes remunerado, não se enquadrando nas

---

Familiar contra a Mulher é restrita às medidas protetivas de urgência previstas na Lei Maria da Penha, devendo as ações cíveis e as de Direito de Família ser processadas e julgadas pelas varas cíveis e de família, respectivamente". Disponível em: <http://www.amb.com.br/fonavid/enunciados.php>. Acesso em 27 abr. 2019.

141 Para mais informações, conferir a pesquisa "Visível e invisível: a vitimização de mulheres no Brasil - 2º edição", desenvolvida pelo Fórum Brasileiro de Segurança Pública e Instituto Datafolha. Disponível em: <http://www.forumseguranca.org.br/publicacoes/visivel -e-invisivel-a-vitimizacao-de-mulheres-no-brasil-2-edicao/>. Acesso em 27 abr. 2019.

demais alternativas fornecidas. As respondentes que fizeram este apontamento marcaram a opção "desempregada(o)".

"Na parte do acesso à justiça, que não precisou deveria ter a opção de não precisei ao invés de não tive acesso, pois para mim o não tive acesso remete a n ter conseguido acesso por dificuldade": acredito que neste ponto, a respondente tenha se referido à questão "A que tipo de assistência jurídica você teve acesso?". Neste caso, uma das opções era "Não tive assistência jurídica". Se for a isto que a respondente se referiu, talvez fosse o caso de disponibilizar uma nota explicativa sobre o que é assistência jurídica, cujo sentido deduzi ser compreensível pelas investigadas a partir das opções disponíveis. A ideia não era levantar a dificuldade de acesso ao Judiciário, mas sim a necessidade ou não.

Tendo em mente as lacunas do método adotado, passo à análise do questionário e suas respostas por tema abordado, quais sejam: Família (com enfoque sobre as perspectivas das mulheres negras investigadas no que tange à formação de família) e acesso à Justiça por questões familiares.

4.2.1. SEÇÃO 1: FAMÍLIA

A Seção 1 foi pensada para investigar o que as mulheres negras respondentes vivem e querem viver em termos de constituição familiar. Retomando a pergunta de pesquisa – avaliar, por meio de levantamento bibliográfico e empírico, como se constituem as relações afetivas da mulher negra atualmente –, apresento a análise das respostas para 10 questões: a) Qual o seu estado civil atual?; b) Você tem filhos(as)?; c) Você tem enteados(as)?; d) Você quer se casar?; e) Por quê?; f) Você quer viver em união estável?; g) Por quê?; h) Se não tem, pretende ter filhos(as)?; i) Por quê?; j) O que é família, na sua opinião?

A maioria das respondentes se declarou solteira (111). Em seguida vêm as casadas (39), divorciadas (17), em união estável (16), viúvas (5) e noivas (2), conforme gráfico a seguir:

Gráfico 10 – Estado civil das respondentes.

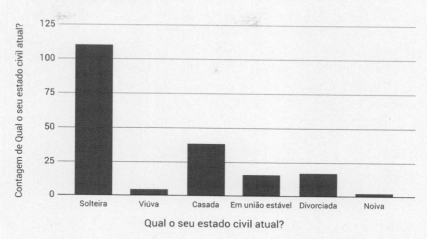

Fonte: Elaboração própria a partir das respostas do formulário *online* utilizado para esta pesquisa.

No que se refere ao número de mulheres negras casadas em comparação às que vivem em união estável, trata-se de um dado interessante se comparado ao Censo Demográfico de 2010 do IBGE, no qual se constatou que a maior parte das pessoas pretas e pardas optaram pela união consensual.[142]

Aqui vale destacar que pelo menos três pessoas me questionaram se o formulário era direcionado apenas às mulheres casadas. Isto me trouxe duas reflexões: a primeira, de que o texto de divulgação não foi claro o suficiente sobre os propósitos do formulário.[143] A segunda, de que o título da pesquisa inclui a palavra "casamento", o que pode ter

---

[142] INSTITUTO BRASILEIRO DE GEOGRAFIA E ESTATÍSTICA (IBGE). **Censo Demográfico 2010**: Trabalho e Rendimento: Resultados da Amostra. Rio de Janeiro: IBGE, 2010. Disponível em: <https://biblioteca.ibge.gov.br/visualizacao/periodicos/1075/cd_2010_trabalho_rendimento_amostra.pdf>. Acesso em 25 abr. 2019.

[143] O texto de divulgação do formulário, em sua íntegra: "Olá, pessoal! Estou desenvolvendo a minha pesquisa de mestrado com o tema "casamento e mulheres negras: leis versus demandas". Parte dela é composta de uma pesquisa empírica feita por meio de formulário, no caso, este aqui: https://goo.gl/forms/OEUR15heNEjdxILJ3 Peço que marquem as mulheres negras que vocês conhecem, compartilhem e me ajudem a chegar no maior número possível de mulheres até o fim de março. Muito obrigada! Obs: as mulheres não precisam ser casadas, o estado civil é INDIFERENTE! Qualquer mulher negra pode responder!".

levado as pessoas a entender que o preenchimento do questionário seria reservado a pessoas casadas. No primeiro dia de divulgação, incluí a observação no texto de divulgação *online* de que o preenchimento do formulário era indiferente ao estado civil 52 minutos depois da primeira divulgação pelo *Facebook*. Até então, havia 11 respostas, portanto um número não tão significativo no universo de respostas. Ainda assim, deixo aqui este apontamento.

A maioria das mulheres negras respondentes também **não** tem filhos(as) ou enteados(as):

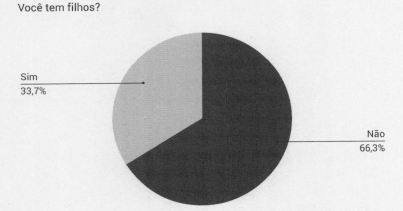

Gráfico 11 – **Resposta sobre a existência ou não de filhos(as) pelas respondentes.**

Fonte: Elaboração própria a partir das respostas do formulário *online* utilizado para esta pesquisa.

Gráfico 12 – Resposta sobre a existência ou não de filhos(as) pelas respondentes.

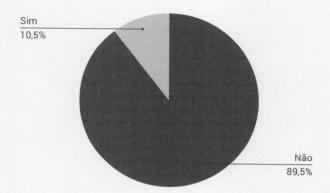

Fonte: Elaboração própria a partir das respostas do formulário *online* utilizado para esta pesquisa.

A maior parte das respondentes manifestou o desejo de se casar (66), seguidas daquelas que estão em dúvida (47), das que já são casadas (40) e das que não desejam se casar (37), totalizando 190 respostas.

Gráfico 13 – Respostas sobre se as respondentes querem se casar.

Fonte: Elaboração própria a partir das respostas do formulário *online* utilizado para esta pesquisa.

A pergunta sobre o "porquê" era facultativa, de modo que nem todas a responderam. Dentre aquelas que expuseram seus motivos – um total de 118 –, classifiquei as respostas de acordo com os padrões de justificativa encontrados.

Para as respostas "sim" à pergunta "você quer se casar?" separei as respostas entre aquelas que relacionavam casamento à formação de família e ao afeto, e aquelas que indicavam questões práticas, como a garantia de direitos através do matrimônio ou divisão da criação dos(as) filhos(as). A mesma resposta pode figurar em mais de um tópico. Foram 51 justificativas.

Tabela 2 – Categoria "Por que se casar?"

Categoria "Por que se casar?"			
Subcategoria	**Tópicos mencionados**	**Exemplos de respostas**	**Menções**
Família e afeto	Para constituir família	"Ainda acredito na instituição família."	12
		"É uma das formas de construir uma família."	
		"Eu gostaria de dividir minha vida com alguém, formando uma família."	
		"Pra construir uma família."	
		"Tenho um sonho de ter a minha família com o homem que escolhi para ser meu esposo."	
	Idealização do casamento	"porque tenho toda aquela ideia romântica de 'grande amor', 'passar a vida com alguém1."	13
		"Sempre o tive de casar, ter alguém pra compartilhar a vida."	
		"Tenho um sonho de ter a minha família com o homem que escolhi para ser meu esposo."	
		"Para usar um vestido de princesa e jogar o buquê."	
		"Quero a festa, o anel e as fotos de casamento."	

Categoria "Por que se casar?"			
Subcategoria	**Tópicos mencionados**	**Exemplos de respostas**	**Menções**
Família e afeto	Para dividir a vida com quem ama	"Penso que seria bom dividir a vida com alguém que eu ame."	8
		"Quero ter alguém para compartilhar minha vida."	
		"Dividir a vida com alguém que seja um /a companheiro/a."	
		"Por que eu acho que o casamento é o compromisso de uma vida construída em conjunto, e eu quero ter alguém ao meu lado durante minha vida adulta e velhinha haha."	
		"Porque desejo construir uma família ao lado de uma pessoa que seja minha parceira."	
	Sempre teve vontade	"Sempre tive a vontade de realizar um casamento, tanto no religioso quanto no civil."	3
		"Sempre o tive de casar, ter alguém pra compartilhar a vida."	
		"Porque sempre tive vontade. Quero dividir a minha vida com alguém."	
	Solidão	"É triste ficar só."	2
		"Porque ninguém nasceu pra ficar sozinho, independentemente de qualquer coisa. O ser humano necessita do outro.	
	É natural	"Natural do ser humano."	1
	Companheirismo/ Parceria	"Qualidade de vida e companheirismo."	3
		"Porque gosto da ideia de uma parceria nos projetos pessoais. E minha ideia de casamento é essa."	
		"Dividir a vida com alguém que seja um /a companheiro/a."	

Categoria "Por que se casar?"			
Subcategoria	**Tópicos mencionados**	**Exemplos de respostas**	**Menções**
Por questões de ordem prática	Para oficializar união já existente	"Porque quero tenho uma pessoa, que está comigo algum tempo e dividir a minha vida com ela está sendo bom, então penso em casa para oficializar isso."	7
		"vivo em união estável. não sou casada no civil. pretendo casar no cartório."	
		"Sou lésbica e namoro há 3 anos e 3 meses e fazemos planos juntas de nos casarmos."	
		"Porque queremos formalizar legalmente e espiritualmente (em cerimônia) nossa união."	
		"Sou noiva."	
	Por garantia de direitos	"No momento, não penso em casar, mas creio que em algum período da minha vida eu avaliarei melhor essa possibilidade. Casamento ou união estável possuem algumas vantagens jurídicas que me interessante!"	3
		"Para obter meus direitos e garantir os direitos do meu filho. Na atual situação política ter um documento como uma certidão de casamento garante que se meu companheiro falecer eu e meu filho n fiquemos na merda ou vice versa."	
		"Para que meu companheiro tenha direito a utilizar benefícios e vice versa, convênio médico, HSPM, questões de documentação."	
	Para dividir a administração da família e a criação dos(as) filhos(as)	"Por que administrar uma família em dois é mais fácil."	2
		"Tenho vontade de construir uma família, sei que posso fazer produção independente mas gostaria de ter uma pessoa trocar ideias na criação dos filhos e ver eles crescerem, ter uma família onde todos se sintam acolhidos e fortes."	
	Por motivos religiosos	"Há diferença religiosa entre casamento e união estável."	2
		"Porque queremos formalizar legalmente e espiritualmente (em cerimônia) nossa união."	
	Estabilidade	"Construir uma relação estável é interessante. Assim como ter alguém que você possa contar."	1

Fonte: Elaboração própria a partir das respostas do formulário *online* utilizado para esta pesquisa.

Passando para as mulheres que disseram não querer se casar e justificaram, tem-se a percepção de respostas na tabela a seguir, considerando 31 justificativas.

Tabela 3 – Categoria "Por que não se casar?"

Categoria "Por que não se casar?"			
Subcategoria	**Tópicos mencionados**	**Exemplos de respostas**	**Menções**
Desaprovação do casamento enquanto instituição	Não quer aprovação da união pelo Estado	"Não quero que o estado aprove minhas uniões."	1
	Não gosta de casamento/O casamento é uma instituição falida	"Não gosto de casamentos." "Casamento é uma instituição falida." "Não vejo o modelo atual de casamento interessante ou que me contemple." "Não acredito no casamento, não esse casamento tradicional." "Eu não gosto do que o casamento representa enquanto instituição."	5
	O casamento é ruim para as mulheres/É reflexo do patriarcado	"Pois não acredito mais nas relações dentro das estruturas do patriarcado." "Não creio que o casamento seja bom para as mulheres." "Eu acredito que nas minhas experiências afetivas a ideia associada de casar por amor é perversa conosco, pois, socialmente ainda não somos lidos como seres humanos. Você pode amar alguém que ainda não é respeitada em sociedade em todos os direitos humanos básicos? Casamento é um enlace burocrático com consequências emocionais. E talvez para nós devêssemos tratar o casamento como estratégia tática e não com repertório gerado pela branquitude. Até que consigamos descolonizar o afeto e o Amor. Logo, se eu não encontrar alguém que tope esse planejamento. Eu não quero casar."	3

Categoria "Por que não se casar?"			
Subcategoria	**Tópicos mencionados**	**Exemplos de respostas**	**Menções**
Motivações pessoais	Não acredita em rótulos/ Não quer status	"No momento não acredito em rótulos de relacionamentos precedidos por padrões.	2
		"Não quero ter status."	
Motivações pessoais	Não sente vontade	"Não tenho vontade."	5
		"N ão quero mais isso pra mim, tô bem solteira."	
		"Acho desnecessário."	
		"Não acho necessário."	
		"Não me vejo dividindo minha vida com alguém."	
	Está feliz solteira ou sem se casar	"Não quero mais isso pra mim, tô bem solteira."	2
		"Muito feliz vivendo minha vida."	
	Casar-se não se enquadra no plano de vida escolhido	"Na minha atual visão de sociedade casamento não é uma das opções que se enquadram na minha vida."	3
		"É um cenário do qual eu não consigo me imaginar."	
		"Não vejo o modelo atual de casamento interessante ou que me contemple."	

Fonte: Elaboração própria a partir das respostas do formulário *online* utilizado para esta pesquisa.

Das respondentes que marcaram "não sei", 36 justificaram sua escolha:

Tabela 4 – Categoria "Não sei se quero me casar"

Categoria "Não sei se quero me casar"			
Subcategoria	**Tópicos mencionados**	**Exemplos de respostas**	**Menções**
Dúvidas sobre relacionamentos	Falta de bons exemplos/ Poucas expectativas	"Não tive exemplos de casamentos estáveis durante a vida."	3
	Relacionamentos são difíceis/Traumas de relacionamentos abusivos/Medo de ficar com a pessoa errada/ Medo de não dar certo	"Hoje o difícil nos relacionamentos é saber conviver com seu par, pois estamos muito individualistas."	11
	Gosta de ser solteira	"Porque gosto de ser solteira."	1
Dúvidas sobre o casamento	Já foi casada e tem dúvidas se quer se casar novamente	"Quis muito já, mas após três tentativas em relações abusivas já não acho que seja possível ter um casamento com um homem hétero."	6
	Não tem interesse na cerimônia	"Nesse sentido de festa romântica, não tenho certeza. Gostaria de uma comemoração significativa, mas ainda sem muita ideia de como fazer isso de forma que toda família construída se sinta bem e feliz."	1
	Não quer ou sonha em se casar, mas pode vir a mudar de ideia	"Nunca senti uma vontade absurda de casar, mas posso mudar de ideia, as vezes me parece algo que não compensa."	3
	O casamento é ruim para as mulheres	"Porque tenho medo e não acho o casamento um bom negócio para mulheres."	1
	Dúvida entre se casar e viver em união estável	"Não sei ao certo se tenho pretensão de casar ou só formalizar união estável."	2
	Acha desnecessário se casar/Não tem o casamento como aspiração ou sonho	"Não tenho a formalidade do casamento como objetivo ou aspiração."	3
	Casamento é complexo e burocrático	"Atualmente não tenho essa motivação por achar muito complexo e burocrático."	1
	Tem dúvidas	"Ainda não sei se é isso que quero."	1
	Considera se casar por motivos práticos	"Não é objetivo de vida, mas não descarto a ideia por motivos práticos."	1
	Não acha que alguém vá querer se casar com a respondente	"Hoje em dia eu não sei mais se um casamento é necessário para direitos, pagamentos etc. e nem acho que alguém iria querer casar comigo mesmo hahahaha."	1
	Só se valer a pena	"Só se valer muito a pena."	1

Fonte: Elaboração própria a partir das respostas do formulário *online* utilizado para esta pesquisa.

Do levantamento acima, temos que a maioria das respondentes ao formulário pretende se casar. Dentre as que justificaram porque sentem vontade de fazê-lo, há menção significativa ao casamento enquanto formação de família, construção de afeto com quem se ama e a idealização do casamento, seja pelo seu significado social, seja pela cerimônia. Além disso, percebe-se a ênfase dada por algumas respondentes ao caráter de resguardo de direitos provenientes do matrimônio e, ainda, à oficialização da união estável, sendo esta considerada para algumas, portanto, uma etapa prévia ao casamento.

As mulheres que não desejam se casar justificaram a sua escolha a partir do questionamento do casamento enquanto instituição, a qual consideraram "falida" ou ruim para as mulheres. Percebe-se um discurso forte de consciência da opressão racial e de gênero em algumas respostas. Ademais, na subcategoria de motivações pessoais, a maioria das mulheres manifestou falta de vontade de se casar ou felicidade em não se relacionar com alguém.

Por fim, aquelas que apresentaram dúvidas sobre o desejo de se casar justificaram-nas pelo medo de se relacionar em si, seja pelo peso que o casamento pode representar no que tange à escolha da(o) parceira(o) (medo de escolher a pessoa errada, medo de não dar certo), seja por receio de repetições de violências de relacionamentos abusivos. Ainda, percebi diversos questionamentos sobre o casamento enquanto instituição, as quais tive dificuldade de reunir em poucas categorias em respeito até mesmo à diversidade de visões apresentadas. Há seis respostas nas quais se percebe que mulheres que já foram casadas tendem a questionar se devem se casar novamente, seguidas daquelas que entendem o casamento como desnecessário.

No que tange à união estável, fiz a pergunta: "Você quer viver em união estável?", para a qual obtive números muito próximos entre as quatro opções, sendo 54 "sim", 50 "não", 48 "não sei" e 38 "já vivo em união estável", num total de 190, como se verifica no gráfico a seguir:

Gráfico 14 – Respostas sobre se as respondentes querem viver em união estável.

Fonte: Elaboração própria a partir das respostas do formulário *online* utilizado para esta pesquisa.

A pergunta sobre o porquê funcionou da mesma maneira para o casamento, portanto também poderia ser respondida de forma facultativa.

Das que responderam "sim" à pergunta "você quer viver em união estável?", 35 justificaram a sua resposta.

Tabela 5 – Categoria "Por que viver em união estável?"

Categoria "Por que viver em união estável?"			
Subcategoria	**Tópicos mencionados**	**Exemplos de respostas**	**Menções**
Família e afeto	Por acreditar em modelos familiares	"Pelo mesmo motivo de casar [acreditar em modelos familiares]"	1
	Por afeto/Para dividir a vida com quem ama	"A troca e o dividir me é importante em todas as relações."	8
		"Porque tenho um companheiro que é uma pessoa com quem desejo construir muitas coisas ao lado dele."	
		"Quero ter alguém para compartilhar minha vida."	
		"Eu o amo. Acredito q ele seja o homem certo para mim."	
		"Porque eu acredito que quando se tem alguém, além de estar com a pessoa que se ama, é possível nos tornamos pessoas melhores."	
	Solidão	"Porque é triste viver sozinho."	1
	É natural/fundamental	"acho que é quase um caminho natural na minha vida."	2
		"Porque ter um companheiro, amigo que seja cumplice é fundamental."	
	Perspectiva de vida	"Perspectiva de vida."	1
	Etapa do relacionamento	"Acho que são etapas, para viver uma vida a dois."	1
	Quer viver a experiência	"Quero ter esta experiência."	1

Categoria "Por que viver em união estável?"			
Subcategoria	**Tópicos mencionados**	**Exemplos de respostas**	**Menções**
Por questões de ordem prática	Por garantia de direitos	"Pois perante a justiça existe a certificação de divisão de bens."	6
		"Me parece uma ideia mais lógica para que nos garanta direitos com menos peso da simbologia do casamento. Mas ainda vejo restrições."	
		"Por mais que se fale em direitos iguais, independência da mulher, sororidade, etc., fato é a lei. O que é garantido pelas vias legais."	
		"Tenho direitos a benefícios que o meu futuro marido tem no emprego atual dele; ainda q simbólica gera responsabilidade a união."	
		"Para divisão de vida mesmo – de um modo menos romântico e mais "corporativo" no sentido de poder comprovar renda, pagar aluguel, convenio médico e essas coisas de gente da vida ok."	
	Prefere união estável ao casamento	"Me parece uma ideia mais lógica para que nos garanta direitos com menos peso da simbologia do casamento. Mas ainda vejo restrições."	10
		"Para não misturar Estado e igreja."	
		"A união estável está mais para o casamento do que o regime de casamento imposto pelo estado."	
		"Na verdade invés de me casar preferiria a União estável."	
	Por segurança emocional/estabilidade	"Por que ter um parceiro e um apoio possibilita mais segurança para assumir mais demandas acadêmicas, políticas e profissionais."	2
		"Segurança emocional."	

Categoria "Por que viver em união estável?"			
Subcategoria	Tópicos mencionados	Exemplos de respostas	Menções
Por questões de ordem prática	Mais prático ou barato do que se casar	"A união estável é mais simples de fazer e tem validade legal e sai mais em conta o valor do pagamento."	2
		"talvez sim, dá mais trabalho casar."	

Fonte: Elaboração própria a partir das respostas do formulário *online* utilizado para esta pesquisa.

Dentre as mulheres que não desejam viver em união estável, 28 expuseram seus motivos.

Tabela 6 – Categoria "Por que não viver em união estável?"

Categoria "Por que não viver em união estável?"			
Subcategoria	Tópicos mencionados	Exemplos de respostas	Menções
Motivações pessoais	Não quer se relacionar	"Não quero mais relacionamento sério de nenhuma forma."	3
		"Mesma resposta da anterior [Não se vê dividindo a vida com alguém]"	
		"Quero viver só."	
	Já é casada	"Porque sou casada."	3
	Tentou e não deu certo	"Já vivi e não deu certo."	1
	Porque não tem condições financeiras	"Porque não tenho condições financeiras e acho desnecessário no momento."	1
	Para não dividir os bens com outra pessoa	"Teria que dividir os ganhos gerados a partir de um investimento que fiz em mim e em minha carreira de forma solitária e sofrida."	1
	Não difere do casamento	"Não difere do casamento, em termos de vida."	1

Categoria "Por que não viver em união estável?"			
Subcategoria	**Tópicos mencionados**	**Exemplos de respostas**	**Menções**
Desaprovação da união estável enquanto instituição	Opressão de gênero	"Pois acredito que não fomos ensinados a nos conhecer, logo não sabemos como nos relacionar fora da lógica da opressão de gênero."	4
		"Porque a situação da mulher ainda é muito frágil neste país!!!"	
		"Idem resposta anterior [Não crê que o casamento seja bom para as mulheres]"	
		"Violência doméstica e questões financeiras."	
	Por motivos religiosos	"Pela minha prática religiosa, o mais correto é o casamento mesmo."	1
	Porque é informal/ incerto/Casamento é mais seguro	"Por que é muito informal, e incerto."	7
		"Por questões jurídicas, acredito que o casamento seja mais seguro para fins patrimoniais."	
		"Os direitos que um (a) companheiro tem em relação a uma pessoa casada ainda é muito discriminatório."	
	Prefere se casar	"Sonho com o casamento kk"	4
		"Eu casaria no cível mesmo."	
		"Porque tenho sonho do véu e grinalda."	

Fonte: Elaboração própria a partir das respostas do formulário *online* utilizado para esta pesquisa.

Por fim, dentre as respondentes que não sabem se querem viver em união estável, 27 justificaram sua resposta.

Tabela 7 – Categoria "Não sei se quero viver em união estável"

Categoria "Não sei se quero viver em união estável"			
Subcategoria	Tópicos mencionados	Exemplos de respostas	Menções
Dúvidas sobre relacionamentos	Não sabe no momento	"Não tenho certeza no momento."	5
	Tem medo do compromisso/ relacionamento	"Tenho medo do mesmo compromisso que um casamento."	2
	Nunca pensou sobre isso/Não sabe opinar	"Não sei dizer exatamente porque nunca parei pra pensar nisso."	3
	Gosta da liberdade	"Gosto da liberdade."	1
	É irrelevante	"Porque, pra mim, é irrelevante."	1
Dúvidas sobre a união estável	Não sabe a diferença entre casamento e união estável	"É preciso pagar um advogado pra saber a diferença!!!!!"	1
	Depende da condição financeira	"Dependendo da situação financeira de cada um."	1
	Já viveu em união estável ou foi casada e tem dúvidas	"Hoje, tenho dúvidas em relação ao estável. Sou separa a três anos e fui casada por 27 anos e não existe estabilidade sem lealdade. Seja ela, afetiva ou financeira."	2
		"Pelo motivo descrito acima [Teve um casamento feliz com o marido, que faleceu, e ainda está se recuperando da perda]"	
	Por garantia de direitos	"A união estável parece útil com intuito de construir algum patrimônio."	2
		"Talvez faça sentido por questões legais, apenas."	
	Opressão de gênero	"Medo dos homens e suas formas de violentar a mulher seja fisicamente financeiramente psicologicamente."	2
		"Diferenças de gênero e raciais, quero ter meu espaço."	
	Prefere se casar	"Quero casar."	3
	Dúvidas entre se casar e viver em união estável	"Não sei ao certo se tenho pretensão de casar ou só formalizar união estável."	3
	Não vê diferenças relevantes entre o casamento e a união estável	"Acredito na união de duas pessoas, sendo o casamento e a união estável a mesma coisa."	3

Fonte: Elaboração própria a partir das respostas do formulário *online* utilizado para esta pesquisa.

Três motivos para viver em união estável saltam aos olhos: afeto, garantia de direitos e preferência pela união estável ao casamento.

Já aquelas que não querem viver em união estável justificaram suas escolhas pela falta de vontade de se relacionar afetivamente – o que segue um dos padrões dos porquês de não se casar –, pela opressão de gênero atinente à união e, comparativamente ao casamento, pela insegurança da união estável e pela preferência destas mulheres pelo matrimônio.

Finalmente, quanto àquelas que não sabem se querem viver uma união consensual, grande parte simplesmente está em dúvida ou nunca pensou sobre isso. Há, também, ao menos nove menções à preferência por se casar, dúvida entre se casar ou viver em união estável e a ausência de diferenças significativas entre casamento e união consensual. Percebe-se, ainda, mais uma vez, menção à opressão de gênero, à garantia de direitos e ao reflexo de relacionamentos passados em escolhas afetivas no futuro.

Há uma tendência de desinstitucionalização das uniões no Brasil nos últimos anos, além do adiamento da entrada em uniões estáveis e casamentos em geral em todas as classes sociais.[144] O adiamento tende a ser mais forte quanto mais alta a classe e maior a escolaridade feminina. Tal tendência vem sendo associada à autonomia feminina sobre seus ganhos econômicos, sua identidade e autonomia sexual.

Além disso, tende-se ao aumento do número de uniões consensuais em todas as classes sociais, mas a desinstitucionalização não é uniforme, sendo, nas classes mais altas, tendente ao declínio das uniões civil e religiosa para apenas civil, e, mas mais baixas, para a união estável.[145]

A literatura varia sobre a interpretação dada às uniões estáveis numa perspectiva de gênero, ora entendendo-as como opressoras às mulheres por permitir maior mobilidade dos homens entre relações, ora colocando-as como libertadoras às mulheres por retirá-las do ideal de casamento formal.[146] Nathalie Itaboraí, por exemplo, enxerga que:

> A equiparação dos direitos das mulheres em união estável ou casadas legalmente deve, para o período recente, matizar a leitura de que a união estável é mais insegura para as mulheres e fortalecer a interpretação de uma tendência de informalização dos vínculos afetivos num contexto em que os direitos familiares tendem a prescindir do contrato de casamento.[147]

---

144 ITABORAÍ, Op. Cit., 2017.

145 Ibid.

146 Ibid.

147 Ibid., p. 196.

Entretanto, quando olhamos para os resultados obtidos no formulário *online* desta pesquisa, vemos a relevância dada ao casamento tanto em termos afetivos quanto de garantia de direitos civis. Esta visão não exclui a defesa da união estável pelo grupo de mulheres que por ela deseja optar, vendo, também neste tipo de união, uma fonte de resguardo dos seus direitos. Sobre este ponto, Itaboraí, citando Cherlin, fala da importância simbólica do casamento, o qual, se pode não ser considerado necessário do ponto de vista jurídico ou mesmo religioso, representa um valor em si pela sua raridade em dado grupo, uma marca de prestígio: "O benefício do casamento parece ser seu compromisso público – '*enforceabletrust*' (CHERLIN, 2004, p. 854) – enquanto a coabitação exige apenas um compromisso privado".[148]

Para além disso, para um número significativo das respondentes, o casamento é preferível à união estável em termos de resguardo jurídico, o que pode reforçar uma visão de desconfiança nas instituições pelo seu pertencimento racial, ainda que tenham alta escolaridade e renda acima da média entre as mulheres negras brasileiras.

Como dito, existe uma tendência no adiamento das uniões pelas mulheres com maior escolaridade e estas não necessariamente pretendem se unir e, se sim, não se veem obrigadas a se casar, tendo o casamento como uma escolha. No meu levantamento, o recorte de idade entre as solteiras segue a tendência nacional, na qual, a partir dos 40 anos, há estabilidade nos níveis de celibato e a grande maioria das mulheres solteiras são jovens:[149]

Gráfico 15 – Idade das mulheres respondentes solteiras.

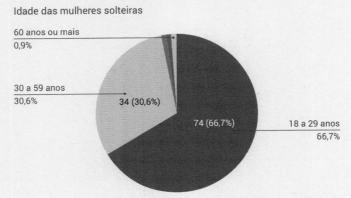

Fonte: Elaboração própria a partir das respostas do formulário *online* utilizado para esta pesquisa.

---

148 Ibid., p. 198-199.
149 Ibid.

De acordo com dados do Instituto de Pesquisa Econômica Aplicada de 2015, o percentual da população negra com 12 anos ou mais de estudo foi, de 1995 a 2015, de 3,3% para 12%, chegando apenas recentemente ao patamar da população branca na década de 1990.[150] Nesta dissertação, 65,8% das respondentes tem pelo menos o ensino superior completo, o que as diferencia da população negra em geral, mas demonstra a tendência dos últimos vinte anos de ganho de escolaridade.

Nesse sentido, não destoam da tendência das classes mais escolarizadas de adiamento das uniões.

Entretanto, não seguem o padrão de desinstitucionalização dos relacionamentos afetivos, se considerarmos que a maioria pretende se casar ou já é casada. O desejo de se casar, em algumas respostas, coloca a união estável como etapa para uma união mais formalizada.

Ainda assim, no grupo daquelas que querem viver união estável, também é perceptível a rejeição ao casamento enquanto instituição, o que demonstra a inexistência de uma visão uniforme sobre relacionamento para mulheres negras com nível de escolaridade próximo e considerado alto em relação à média nacional. Há, sim, uma disputa sobre o significado das uniões afetivas, entre o desejo de viver um relacionamento reconhecido publicamente, e os sentidos tradicionais e opressores do casamento sobre as mulheres, sobretudo as mulheres negras.

A rejeição ao casamento, entretanto, não tem origem apenas no questionamento da instituição, sendo colocada, ainda, como efeito de relacionamentos afetivos passados, o que se reflete também nas respostas daquelas que não desejam viver em união estável. Há menções explícitas a relacionamentos abusivos e violência contra a mulher.

Como já mencionado anteriormente, a violência contra a mulher é cometida principalmente por pessoas conhecidas desta, em especial companheiros ou ex-companheiros. Além disso, as mulheres negras são as maiores vítimas de feminicídio no Brasil, tendo sido mais mortas ao longo de dez anos (2003 a 2013) do que as mulheres brancas, cuja taxa de feminicídios caiu no mesmo período.[151] O feminicídio é a expressão ex-

---

150 INSTITUTO DE PESQUISA ECONÔMICA APLICADA (IPEA). **Retrato das Desigualdades de Gênero e Raça** – 1995 a 2015. Rio de Janeiro: IPEA, 2015. Disponível em: <http://www.ipea.gov.br/portal/images/stories/PDFs/170306_retrato_das_desigualdades_de_genero_raca.pdf>. Acesso em 07 mai. 2019.

151 Negras são maiores vítimas de homicídio de mulheres no País. Disponível em <http://www.brasil.gov.br/defesa-e-seguranca/2015/11/mulheres-negras-sao-mais-assassinadas-com-violencia-no-brasil>. Acesso em 19 mar. 2017.

trema da misoginia, mas não deixa de sugerir que estas mulheres sofrem com outras formas de violência, já que esta costuma funcionar em ciclos, escalando até o seu ápice, com a morte da mulher em alguns casos.

Tratando do paradoxo da violência contra a mulher tanto quando esta é dependente quanto empoderada, Itaboraí explica o embate entre a imposição do poder masculino posto e a tentativa de sua recuperação quando a balança se equilibra a partir do empoderamento financeiro e emocional feminino:

> A violência contra a mulher pode ser tanto a imposição do poder masculino sobre mulheres com menos recursos para sair de um relacionamento, principalmente financeiro, e, também, a tentativa de recuperar o poder perdido sobre mulheres que já não mais dependem do parceiro para subsistir. Como explica Nathalie: A violência seria uma forma de os homens buscarem afirmar ou restaurar suas prerrogativas de poder. Como afirmação, trata-se de questão antiga de controle sobre o tempo, a liberdade de movimento e a sexualidade feminina: exigências sobre atividades domésticas, proibições de sair e manifestações de ciúmes são algumas das dimensões comuns nos conflitos cotidianos e nas situações de violência no Brasil e em outras sociedades latino-americanas (HERRERA; AGOFF, 2012). Como restauração, trata-se de questão estruturalmente nova, já que foi nas últimas décadas que cresceu a capacidade das mulheres de se autoproverem e assumirem maior independência material e emocional, gerando um novo equilíbrio de poder contra o qual os homens podem reagir. As mulheres podem sofrer violência por serem dependentes ou por terem autonomia, mas no segundo caso elas têm a princípio mais chances de sair da situação. Neste sentido, se o empoderamento é associado a um maior poder de barganha ou capacidade de "saída" (HIRSCHMAN, 1973) de uma relação afetiva danosa, há também a visão de que o empoderamento feminino é gerador de tensão devido às alterações que causa no equilíbrio de poder.[152]

Retomando Ana Cláudia Lemos Pacheco, o empoderamento feminino foi percebido como um obstáculo à manutenção de relacionamentos estáveis para algumas das mulheres negras investigadas. Quando ascendem socialmente, em capital cultural e social, percebem dificuldade de os homens lidarem com a quebra do que se espera de um casal formado por homem e mulher, na qual o par masculino é o provedor.[153]

Desse modo, não surpreende a rejeição demonstrada por algumas respondentes a relacionamentos estáveis no futuro, seja pelo casamento, seja pela união consensual, diante de um quadro de sofrimento

---

152 ITABORAÍ, Op. Cit., 2017.

153 PACHECO, Op. Cit., 2013.

imposto por relações violentas. Ainda, percebe-se verdadeiro questionamento daquelas que já foram casadas ou viveram em união estável à ideia de se unir novamente. Nesses casos, há tendência de uma nova união se dar de maneira mais informal, portanto pela união estável.[154]

Passando para a análise das respostas sobre a pretensão das respondentes a ter filhos(as), obtive 190 respostas. A maioria das mulheres demonstrou desejo de ter filhos(as) (66), seguidas daquelas que já os(as) tem (61), das que não querem ser mães (38) e das que estão em dúvida (25).

Gráfico 16 – Pretensão de ter filhos das mulheres respondentes.

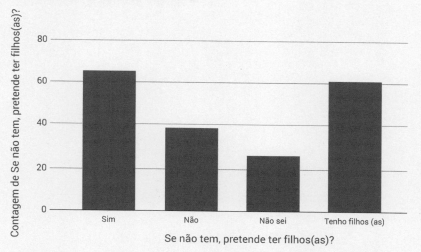

Fonte: Elaboração própria a partir das respostas do formulário online utilizado para esta pesquisa.

Seguindo a mesma metodologia das questões anteriores, perguntei o porquê da decisão de cada mulher. A questão era de preenchimento facultativo e obtive 94 respostas.

Dentre as respondentes que alegaram desejar ter filhos, 42 apresentaram suas razões, conforme tabela a seguir, na qual categorizei as respostas entre aquelas relacionadas ao exercício da maternidade e à formação de família, e aquelas que mencionavam aspectos relativos a crianças.

---

154 ITABORAÍ, Op. Cit., 2017.

Tabela 8 – Categoria "Por que ter filhos(as)?"

Categoria "Por que ter filhos(as)?"			
Subcategoria	**Tópicos mencionados**	**Exemplos de respostas**	**Menções**
Maternidade e Família	Sonho/Sempre quis ser mãe	"Meu sonho."	11
		"Sempre quis ser mãe."	
		"Sempre tive vontade de ser mãe."	
		"É um sonho meu."	
		"Amo crianças, sempre tive vontade de gerar e ensinar."	
	Para continuar sua própria história de vida/da família	"Porque sinto que filhos são a continuidade da minha história de vida."	4
		"Gosto de crianças e tenho vontade de manter a geração da família viva."	
		"Legado."	
		"Porque eu quero fazer parte de uma família criada por mim."	
	Para formar uma família/ Para formar uma família grande	"Gosto da ideia de formar uma família."	4
		"Tenho vontade de ter uma família grande."	
	Pelo milagre de gerar vidas/Pela experiência de estar grávida	"Acho lindo o milagre de gerar uma vida."	2
		"Pela experiência biológica de estar grávida e pela experiência de criar um filho com os métodos que eu decidir"	
	Pela experiência de criar um filho/ Para entender como é ser mãe	"Para entender como é ser mãe e amar incondicionalmente."	2
	Porque faz sentido	"Porque faz sentido pra mim."	1

Categoria "Por que ter filhos(as)?"			
Subcategoria	**Tópicos mencionados**	**Exemplos de respostas**	**Menções**
Crianças	Porque há crianças excluídas/Desejo de adotar	"Porque há muitas crianças abandonadas por uniões arruinadas pelo próprio estado que as "ressocializa?!" por meio da ADOÇÃO."	7
		"Sim e adotivos. Por compreender a exclusão da infância dentro de outra perspectiva."	
		"Adotar."	
	Para criar e educar indivíduos	"Porque acho incrível a ideia de educar alguém e depois vê-lo seguir seus próprios conceitos."	4
		"Se eu ganhar dinheiro, acho legal investir na criação de uma criança."	
		"Quero passar meus conhecimentos a alguém."	
	Por amor/Por amor a crianças negras	"Quero ter e dividir o amor que tenho."	4
		"Amor e compromisso com crianças negras."	
		"Porque deve ser um amor muito grande."	
	Porque gosta de crianças	"Crianças são maravilhosas."	4
		"Gosto muito de crianças e sinto dentro de mim a vontade da maternidade. Não porque a sociedade impõe a você que case e tenha filhos. Sinto que é o ciclo da vida."	
	Porque já perdeu filhos	"Tenho 2 filhos que morreram no parto – violência obstétrica."	1
	Porque filhos são para sempre	"Pelo menos um, filho é nosso e marido vai embora a qualquer momento."	1
	Porque filhos trazem conhecimento para os pais	"Porque acredito que filhos trazem aprendizado e autoconhecimento para os pais. Além disso, gostaria de poder dar oportunidade e amor para uma criança que foi abandonada pela família."	1

Fonte: Elaboração própria a partir das respostas do formulário *online* utilizado para esta pesquisa.

Um total de 30 respondentes justificaram porque não desejam ter filhos, conforme tabela a seguir, na qual categorizei as respostas conforme mencionavam questões coletivas, como racismo e opressão de gênero, e questões ou escolhas individuais, como a falta de vontade de ser mãe.

Tabela 9 – Categoria "Por que não ter filhos(a)?"

Categoria "Por que não ter filhos(as)?"			
Subcategoria	Tópicos mencionados	Exemplos de respostas	Menções
Questões coletivas	Porque a sociedade é cruel/racista com crianças negras	"Essa construção de sociedade ainda é muito genocida é brutal com nossas crianças, não sei se posso oferecê-los uma Vida."	5
		"Prefiro evitar colocar mais pessoas nessa sociedade apodrecida, sobretudo crianças pretas que invariavelmente vão sofrer muito."	
		"Não acho que consigo criar uma criança no mundo de hoje."	
		"Não tenho coragem de colocar alguém no mundo, sendo que este provavelmente sofreria muito na sociedade racista, egoísta, preconceituosa..."	
	A maternidade é imposta às mulheres	"Pois a maternidade é uma imposição violenta para nós mulheres."	1
	Violência	"Violência contra mulher, violência de forma geral, acesso a drogas, crimes e desemprego."	1

Categoria "Por que não ter filhos(as)?"			
Subcategoria	**Tópicos mencionados**	**Exemplos de respostas**	**Menções**
Escolhas ou questões individuais	Porque não tem vontade de ser mãe/ instinto maternal	"Não tenho vontade de ser mãe e nenhuma habilidade, nem disposição para assumir a responsabilidade integral por uma criança por longos anos da minha vida."	11
		"Não tenho perfil maternal e acredito que há melhores destinos para o meu dinheiro."	
		"Por Opção, nunca desejei ter filhos."	
		"Nunca tive vontade de ser mãe."	
	Porque quer focar em si mesma/Preza pela própria liberdade	"Não porque quero ter as coisas para mim sem precisar me preocupar com uma responsabilidade e não quero ter a obrigatoriedade de ser responsável por uma pessoa."	5
		"Por conta de princípios e pelo desejo de não me dedicar a isso."	
	Por questões de responsabilidade	"Muita responsabilidade."	3
		"Porque não quero ser irresponsável por outras vidas de livre e espontânea vontade."	
	Não tem condições financeiras/É custoso	"Não tenho condições financeiras e psicológicas para ter uma criança."	2
		"Demanda muito tempo e dinheiro."	
	Prefere adotar	"Penso mais na ideia de adotar."	2
	Questões de saúde que impossibilitam a gravidez	"ovário policístico."	2
	Porque já perdeu um filho	"Perdi minha filha á quase um ano, nasceu extrema prematura e tive ela comigo por apenas 15 dias. Sequer senti minha princesa em meus braços. Não tenho certeza do quero depois disso."	1
	Porque não quer ser mãe solo	"Filhos sozinha numa situação pré-determinada não é viável. É ter consciência de uma criação solitária. E pra quê? A mulher já corre o risco de criar seus filhos sozinhas mesmo casada. São pouco os casos de mãe solteira por escolha própria, a maioria é por abandono. País de difícil acesso não é atrativo para essa escolha corajosa."	1

Fonte: Elaboração própria a partir das respostas do formulário *online* utilizado para esta pesquisa.

Dentre as mulheres que marcaram a opção "não sei", 17 menciona-ram seus motivos, os quais, assim como dentre as respostas negativas, classifiquei em questões coletivas e questões ou escolhas individuais.

Tabela 10 – Categoria "Não sei se quero ter filhos(a)"

Categoria "Não sei se quero ter filhos(as)"			
Subcategoria	**Tópicos mencionados**	**Exemplos de respostas**	**Menções**
Questões coletivas	Temor pela criança na sociedade por questões como o racismo e pelo momento político	"Me preocupo com o futuro do país, não sei se uma criança viveria bem nos tempos de hoje."	5
		"Só se eu puder proteger do racismo e bancar (em relação a tempo e dedicação) uma educação afrocentrada. Eu não geraria uma criança pra jogar ela sem defesa no mundo branco."	
		"Não me sinto segura em colocar no mundo mais uma pessoa negra retinta para vivenciar as mazelas do racismo, principalmente no momento atual de regressão que vivemos."	
Escolhas ou questões individuais	Não se vê como mãe, mas pode mudar de ideia/ Não sabe se se encaixa nos planos de vida/Não sabe se é isso que quer	"Não me vejo mãe, mas as vezes pego pensando se acontecer, então não sei dizer que quero."	4
		"Porque não sei se encaixarão nos meus planos de vida."	
		"Não sei se é isso que quero."	
	Não tem vontade de criar um(a) filho(a) sozinha	"Nunca tive um relacionamento sério e não sei se teria um filho sozinha."	2
		"Não quero ser mãe solteira."	
	Pela idade	"Idade avançada."	2
	Por questões financeiras	"Está cada vez mais inviável financeiramente."	2
	Não tem vontade de ficar grávida	"Porque eu ainda não tive vontade e nem coragem de encarar uma gravidez."	1
	Por felicidade e esperança	"A sensação de felicidade e esperança, talvez."	1
	Porque já perdeu um filho	"Meu menino também foi assassinado!!!"	1
	Por falta de condições psicológicas	"Ele quer ter, eu ainda tenho dúvidas. Não tenho condições financeiras adequadas (ao que eu gostaria de fornecer) para uma criança, nem preparo psicológico, e levo em consideração a sociedade em que vivemos hoje, há dúvidas."	1

Fonte: Elaboração própria a partir das respostas do formulário *online* utilizado para esta pesquisa.

As respostas em análise indicam a inclinação da maioria das mulheres respondentes ao desejo de ter filhos(as) e, dentre as principais razões, podemos encontrar: a) o sonho de ser mãe; b) o desejo de dar continuidade à família; c) a associação entre ter filhos(as) e formar família ou mesmo uma família grande; d) a vontade de adotar crianças, em alguns casos associada a ajudar crianças excluídas; e) o desejo de criar e educar novos indivíduos, o gosto por crianças e a vontade de amá-las, dando, por vezes, ênfase ao amor por crianças negras.

As mulheres que não desejam ter filhos, cujo número se sobrepõe àquelas que estão em dúvida, apresentam, principalmente: a) temor por criar crianças negras numa sociedade racista e no atual momento político; e b) falta de vontade por escolha individual, por vezes associada ao foco em si mesma ou ao peso da responsabilidade de se criar uma criança.

Por fim, dentre as respondentes que estão em dúvida sobre o desejo da maternidade, a maioria manifesta medo de exercer a maternidade na conjuntura política e racial do país, seguidas daquelas que não sabem se querem ser mães em termos de exercício da maternidade ou do seu encaixe no plano de vida escolhido.

Os resultados obtidos demonstram um verdadeiro paradoxo vivido pelas mulheres negras: o desejo de ser mãe, um sonho, como muitas colocaram, contraposto ao medo de dar à luz crianças negras numa sociedade sabidamente racista.

No texto de 1986, intitulado "Destruindo o sonho: a família negra e a crise do capitalismo", Angela e Fania Davis tratam da culpabilização das famílias negras pela sua pobreza nos Estados Unidos sob a administração do presidente Ronald Reagan, sobre como estas famílias foram consideradas desviantes em relação ao modelo eurocêntrico tradicional, atribuindo-se aos negros uma moral inferior que os levaria a ter muitos filhos e a se aproveitar das políticas de bem-estar social. Neste texto, abordam também a importância das crianças enquanto símbolo de esperança para a emancipação dos africanos escravizados naquele país e como as políticas racistas da presidência nos dias recentes comprometiam os sonhos das famílias negras: "Mesmo quando os esforços da população negra para manter e estreitar seus laços familiares eram cruelmente atacados, a família continuava sendo um importante caldeirão de resistência, gerando e preservando o legado vital da luta coletiva por liberdade".[155]

---

155 DAVIS, Angela; DAVIS, Fania. Destruindo o sonho: a família negra e a crise do capitalismo. In: **Mulheres, Cultura e Política**. São Paulo: Boitempo, 2017, p. 69

As respostas apresentadas reúnem a vontade de exercer a maternidade, de colocar os filhos como parte importante da constituição familiar e de amar crianças negras, além da perpetuação do legado familiar. Representam, como disse uma das investigadas, "a sensação de felicidade e esperança, talvez".

Entretanto, não apenas dentre as mulheres que decidiram por não ter filhos(as) como entre aquelas que estão em dúvida, houve diversas manifestações de pesar e preocupação com o contexto sociopolítico e racial brasileiro e os seus impactos sobre as crianças. Vale salientar que pelo menos três mulheres perderam os seus filhos, um dos casos por violência obstétrica e outro, por morte violenta ("Meu menino também foi assassinado!!!").

As preocupações destas mulheres têm respaldo nos dados recentes sobre morte violenta de jovens negros no Brasil,[156] além de todas as outras esferas em que o racismo atua, como na educação ou nas oportunidades de trabalho, por exemplo:

> Elas travam seus dias em busca de justiça ao assassinato de seus filhos – dois dos jovens que compõem o contingente de 27 mil jovens negros assassinados num conjunto de 30 mil mortes violentas a cada ano. Estes são dados do estudo Mapa da Violência 2014: Os Jovens do Brasil, no ano de 2002, o índice de vitimização negra foi de 73: morreram proporcionalmente 73% mais negros que brancos. Em 2012, esse índice subiu para 146,5. A vitimização negra, no período de 2002 a 2012, cresceu significativamente: 100,7%, mais que duplicou. Conforme o Atlas da Violência 2016, 21 anos é a idade-chave em que um homem negro jovem pode ser vítima de homicídio. Em 2014, enquanto Alagoas liderou o ranking com uma taxa de 82,5 por 100 mil habitantes negros, no Rio Grande do Norte a taxa de vitimização de negros aumentou 388,8%.[157]

Elas são Débora Maria da Silva, fundadora e coordenadora do movimento Mães de Maio, e Mônica Cunha, fundadora e coordenadora do movimento Moleque. O movimento das Mães de Maio, surgido a partir dos Crimes de Maio em 2006, em São Paulo, deu origem ao grupo

---

156 ESCÓSSIA, Fernanda da. A cada 23 minutos, um jovem negro é assassinado no Brasil, diz CPI. **BBC Brasil**, Rio de Janeiro, 6 jun. 2016. Disponível em: <https://www.bbc.com/portuguese/brasil-36461295>. Acesso em 9 mai. 2019.

157 No Dia Internacional das Famílias, mulheres negras contam impacto do racismo e da violência contra a juventude negra. **ONU Mulheres**, 15 mai. 2017. Disponível em: <http://www.onumulheres.org.br/noticias/no-dia-internacional-das-familias-mulheres-negras-contam-impacto-do-racismo-e-da-violencia-contra-a-juventude-negra/>. Acesso em 9 mai. 2019.

Margens Clínicas, de psicólogos que atendem famílias vitimadas pelo genocídio contra a juventude negra. Em texto explicativo sobre o grupo e o seu surgimento, Catarina Pedroso explica brevemente os efeitos psicológicos da falta de reconhecimento, pelo Estado, da violência cometida:

> Sob nosso ponto de vista, o não reconhecimento por parte do Estado desses crimes cometidos, significa a continuidade sistemática dessa violação, é como se o crime continuasse existindo e se repetindo e os familiares, quando não encontram na sociedade esse tipo de reconhecimento dos crimes, vivem a experiência de carregar o fardo de um luto que não se pode realizar. Como os crimes são silenciados e negados, essas pessoas mortas e os familiares têm o direito à memória também negado.[158]

O racismo tem efeitos psíquicos na população brasileira negra e as respostas coletadas refletem medos decorrentes dessa realidade. Entretanto, outras motivações foram apresentadas para justificar o desejo de não ter filhos(as).

As mulheres negras respondentes também se apresentam como prioridade em suas próprias vidas em detrimento da decisão de ter filhos(as), o que as posiciona na tendência nacional de adiamento da decisão de ser mãe, quando esta decisão pode ser tomada, e de, por vezes, não ter filhos.

Como expõe Itaboraí:

> A maternidade no Brasil é uma experiência frequente, mas não universal. O percentual de mulheres que não tinham tido filho aos 40 a 44 anos ou aos 45 a 49 anos tende a crescer (gráfico 23), passando de 10,1% a 13,5% entre 1976 e 2012 considerando as mulheres de 40 a 44 anos, e de 10,1 a 12,1% considerando as mulheres de 45 a 49 anos.[159]

Importa mencionar que a divulgação de métodos contraceptivos só se deu politicamente em 1979, porém não pautada pela defesa da autonomia feminina, mas sim pelo controle populacional,[160] seguindo-se a mesma lógica exposta naquele período nos Estados Unidos das práticas de esterilização forçada de mulheres de minorias étnicas.[161]

---

158 PEDROSO, Catarina. Genocídio da Juventude Negra, pobre e periférica: questões objetivas e subjetivas em debate. **Caderno Temático CRP SP nº 14** - Contra o Genocídio da população negra: subsídios técnicos e teóricos para Psicologia, São Paulo, XIV Plenário (2013-2016). Disponível em: <http://www.crpsp.org.br/portal/comunicacao/cadernos_tematicos/14/frames/fr_indice.aspx>. Acesso em 9 mai. 2019.

159 ITABORAÍ, Op. Cit., 2017, p. 247.

160 Ibid.

161 DAVIS; DAVIS, Op. Cit., 2017, p. 220.

Apesar disso,

> A contracepção moderna possibilitou a separação entre sexualidade e reprodução, o que Giddens (1993) chama de "sexualidade plástica", indicando que a sexualidade assume hoje o caráter reflexivo próprio da modernidade, o que inclui uma maior diversidade de identidades sexuais.[162]

O exercício da sexualidade e da autonomia sobre os seus corpos se encontram evidentes nas falas trazidas pelas respondentes que não querem ter filhos(as), as quais rejeitam a imposição do instinto materno e reconhecem o peso da maternidade sobre a individualidade feminina, escolhendo investir tempo e dinheiro em si mesmas em vez de em outro ser humano sob sua responsabilidade. Além disso, algumas trazem em seus discursos o receio de se tornarem mães solo, por não confiarem na parceria masculina num eventual projeto de parentalidade: *"Filhos sozinha numa situação pré-determinada não é viável. É ter consciência de uma criação solitária. E pra quê? A mulher já corre o risco de criar seus filhos sozinhas mesmo casada. São pouco os casos de mãe solteira por escolha própria, a maioria é por abandono. País de difícil acesso não é atrativo para essa escolha corajosa".*

Pelo exposto, parece-me que a vontade de ser mãe prevalece pelo desejo individual da maternidade, pelo amor por crianças e pela formação de família, mas há intenso questionamento de papéis estereotipados sobre as mulheres no exercício da maternidade e o reconhecimento do peso que o racismo exerce no planejamento familiar das mulheres investigadas, mesmo num grupo com alto nível de escolaridade (65,8% com pelo menos o nível superior) e renda familiar predominantemente média e alta (55,7%).

Para finalizar a Seção 1, perguntei às respondentes o que entendem por família. Apesar de ser uma pergunta optativa, ainda assim obtive 100 respostas.

Aqui a metodologia de categorização foi diferente, já que as respostas eram mais curtas e seguiam um padrão que me permitiu reuni-las de acordo com os termos mais comumente mencionados. Assim, considerando apenas os termos que foram mencionados ao menos três vezes e que a mesma resposta pode conter diferentes termos mencionados, as definições foram reunidas conforme o gráfico a seguir.

---

162 ITABORAÍ, Op. Cit., 2017, p. 231.

Gráfico 17 – Categoria "O que é família, na sua opinião?"

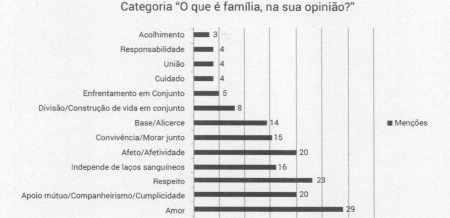

Fonte: Elaboração própria a partir das respostas do formulário online utilizado para esta pesquisa.

A partir das respostas obtidas, infere-se a atribuição do significado de família aos termos amor (ou amar), respeito, apoio mútuo, afeto (ou afetividade), independência de laços sanguíneos, convivência (morar junto), base (ou alicerce), construção da vida em conjunto, enfrentamento em conjunto, cuidado, união, responsabilidade e acolhimento.

Chamou-me atenção a quantidade de menções à independência de laços sanguíneos para a constituição familiar, e não porque discorde, mas sim porque foi um dado que grande parte das investigadas fez questão de ressaltar. Desse dado inferi que, para uma parte das respondentes, quando se fala na desnecessidade de laços sanguíneos, enfoca-se a qualidade das relações intrafamiliares.

Disso decorre que formações arranjadas são questionadas por estas mulheres, as quais, também nas outras respostas, mencionaram sentimentos como amor, afeto e respeito em vez de elementos como ser formado por um homem e uma mulher ou depender da existência de filhos (apesar de ter havido uma resposta em que se menciona família ser formada por casal de homem e mulher).

Além disso, um número significativo de mulheres inclui no conceito de família a convivência na mesma casa e tratar-se da sua base. Nesse sentido, a família consiste num elemento nuclear da vida destas mulheres, fazendo ou devendo fazer parte do seu convívio, também exemplificado pelas respostas que demandam uma construção de vida em conjunto.

Em resumo, as respondentes, em geral, apresentaram sua ideia de família a partir de sentimentos manifestados pelos seus integrantes uns pelos outros e da independência de características pré-determinadas, como laços sanguíneos, o que denota o caráter de qualidade exigido dentro dessas relações e da busca por realização pessoal de seus membros. Além disso, grande parte realça a importância da convivência e coloca a família como base, alocando a instituição no núcleo de suas vidas.

4.2.2. SEÇÃO 2: ACESSO À JUSTIÇA

Nesta Seção de perguntas, busquei apreender a qualidade do acesso à Justiça alcançado pelas mulheres negras respondentes na busca por resolução de conflitos decorrentes de questões familiares. Para tanto, recortei a análise para aquelas que precisaram buscar o Poder Judiciário e excluí as respostas de assuntos de fora desse tema, com exceção da violência contra a mulher, por ser questão relacionada ao ambiente doméstico. Assim, tem-se os seguintes resultados.

Das pessoas respondentes (190), 24,7% (47) precisaram provocar o Poder Judiciário por questões de família, conforme gráfico abaixo.

Gráfico 18 – Respostas sobre a necessidade de ajuizar ações por demandas familiares por parte das respondentes.

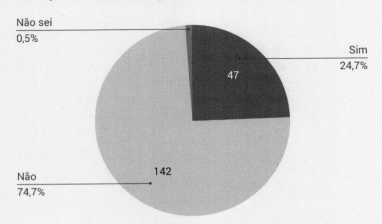

Fonte: Elaboração própria a partir das respostas do formulário *online* utilizado para esta pesquisa.

Daquelas que ajuizaram ações judiciais, 36,6% (30) o fizeram por alimentos, 14,6% (12) por guarda de filho(a), 12,2% (10) por regime de visitas ao(à) filho(a), 19,5% (16) por divórcio, 4,8% (4) por dissolução de união estável, 3,6% (3) por investigação de paternidade, 7,3% (6) por violência doméstica e 1,2% (1) por questões sucessórias.

Gráfico 19 – Matérias discutidas no(s) processo(s) em Direito de Família

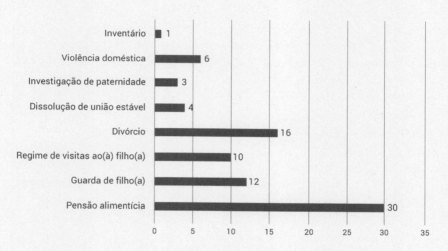

Fonte: Elaboração própria a partir das respostas do formulário *online* utilizado para esta pesquisa.

Na pesquisa de Alexandre Zarias, citada no capítulo 2, o autor destrincha dados sobre o acesso à Justiça por demandas familiares pela população residente na cidade de São Paulo, concluindo que quanto menor o nível socioeconômico, menores as chances de uma pessoa ajuizar uma ação judicial. Ademais, no que tange às matérias em Direito de Família tema das ações, o autor verifica a tendência de, nas regiões centrais, as demandas focarem em divórcio, separação e direitos sucessórios. Já na periferia de São Paulo, composta por uma população mais jovem, que se une informalmente com mais frequência em contraposição aos casamentos contraídos no Centro e onde se concentram a maior parte das mães solo, a maioria das ações judiciais familiares dizem respeito aos "alimentos de balcão", ou seja, pedidos de pensão alimentícia regidos pela Lei nº 5.478/1968.[163]

---

163 ZARIAS, Op. Cit., 2010.

O procedimento regido por esta lei dispensa a representação obrigatória por advogado em seu artigo 2°, o que facilita o acesso de pessoas pobres.

Conforme levantamento feito pela extinta Secretaria Municipal de Promoção da Igualdade Racial (SMPIR) da Prefeitura de São Paulo, "a população negra concentra-se nas periferias da cidade em locais com poucas oportunidades de emprego. Em locais como Parelheiros, a população negra chega a 57,1%, enquanto em zonas centrais como Pinheiros é de apenas 7,3%".[164] Portanto, é possível associar os dados do autor com o perfil racial da cidade, de modo que o recorte Centro/Periferia também é Brancos/Negros, ainda que com diversas ressalvas e variáveis.

Entretanto, como se observa da presente pesquisa empírica, ainda que haja um claro recorte socioeconômico de mulheres negras em termos de renda e escolaridade, 36,6% das demandas ajuizadas envolveram o pedido de alimentos, isolado ou em conjunto com outros pedidos.

É possível que parte dos pedidos de pensão alimentícia tenha se dado no âmbito de um processo mais amplo, envolvendo outras demandas como divórcio ou fixação de guarda e regulamentação de visitas aos(às) filhos(as). Não foi possível apurar essa informação no momento, tampouco se se tratavam de alimentos para si, seja como filha ou ex-esposa ou companheira, seja para os(as) filhos(as), seja por outras relações de parentesco.

Ainda assim, salta aos olhos o número de demandas dentro desse tema em comparação com os demais. Traçando o recorte de renda familiar destas mulheres, temos o seguinte:

---

[164] SÃO PAULO. Secretaria Municipal de Promoção da Igualdade Racial. **Igualdade Racial em São Paulo:** Avanços e Desafios. São Paulo: Secretaria Municipal de Promoção da Igualdade Racial, 2015, p. 5. Disponível em:<https://www.prefeitura.sp.gov.br/cidade/secretarias/upload/igualdade_racial/arquivos/Relatorio_Final_Virtual.pdf>. Acesso em 10 mai. 2019.

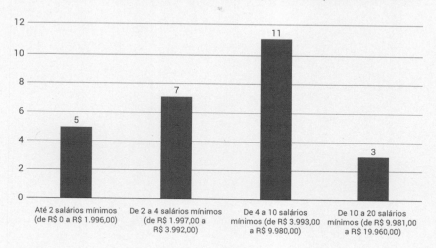

Gráfico 20 – Renda familiar das mulheres que ajuizaram pedidos de pensão alimentícia.

Fonte: Elaboração própria a partir das respostas do formulário *online* utilizado para esta pesquisa.

Disso decorre que, pelo menos a princípio, ter uma renda familiar alta não afasta a demanda por pensões alimentícias. Esse dado pode revelar a influência da raça e do gênero nas demandas familiares por alimentos em detrimento de tão-somente o pertencimento de classe.

Outro dado interessante é o número de divórcios, visto que, conforme Zarias, este é mais comum nas regiões onde a população se casa mais tarde e oficializa a união. O acesso ao casamento depende não apenas do desejo de se casar e das condições das relações afetivas das mulheres negras, considerando o seu já mencionado preterimento, mas também de possibilidade financeira. Disso decorre também o divórcio, cuja efetivação judicial depende de fatores como o acesso ao Judiciário e a advogados(as) ou à assistência jurídica gratuita. Como se observa do gráfico a seguir, 68,75% das mulheres que ajuizaram demandas por divórcio tinham renda individual de até 4 salários mínimos:

Gráfico 21 – **Renda individual das mulheres que ajuizaram pedido de divórcio.**

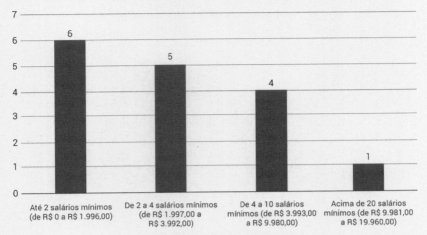

Fonte: Elaboração própria a partir das respostas do formulário *online* utilizado para esta pesquisa.

Já quando passamos para a análise da renda familiar dessas mulheres, vemos que a renda está entre 4 e 10 salários mínimos em 50% dos casos:

Gráfico 22 – **Renda familiar das mulheres que ajuizaram pedido de divórcio.**

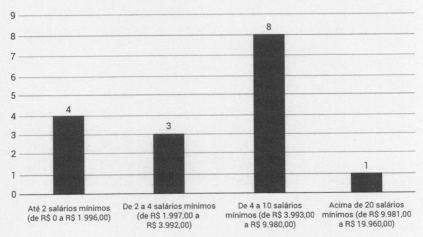

Fonte: Elaboração própria a partir das respostas do formulário *online* utilizado para esta pesquisa.

Pedido de divórcio e renda alta não foram sinônimos entre as mulheres investigadas, conforme se observa dos gráficos acima. Outras variáveis podem ter influenciado a sua possibilidade de acesso à Justiça, portanto, como o alto nível de escolaridade e a residência próxima dos grandes centros urbanos.

No que se refere à assistência jurídica obtida durante o processo, 34% (16) foram representadas por advogado(a) particular, 34% (16) por defensor(a) público(a), 12,7% (6) por advogado(a) em convênio com a Defensoria Pública, 10,6% (5) não tiveram assistência jurídica e 2,1% (1) atuou em causa própria.

Gráfico 23 – Tipo de assistência jurídica a que as respondentes tiveram acesso.

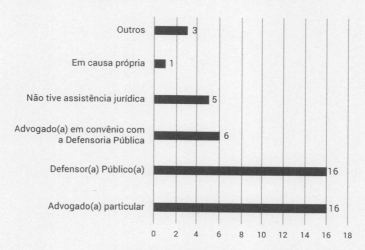

Fonte: Elaboração própria a partir das respostas do formulário *online* utilizado para esta pesquisa.

Dentre aquelas que tiveram assistência jurídica, quando perguntadas sobre a qualidade do atendimento de seus(suas) representantes, 29% (11) julgaram-no regular, 29% (11) bom, 18,4% (7) excelente, 7,9% ruim (3) e 15,8% (6) péssimo.

Gráfico 24 – Avaliação sobre o atendimento do(a) advogado(a) ou defensor(a) público(a).

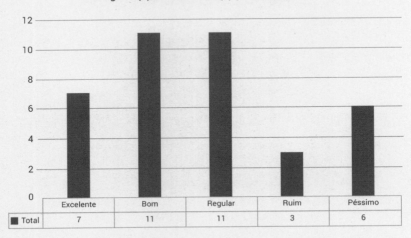

Fonte: Elaboração própria a partir das respostas do formulário *online* utilizado para esta pesquisa.

Disso decorre que 76,32% das mulheres que obtiveram assistência jurídica julgaram o atendimento entre regular e excelente. Apesar disso, houve significativo percentual de mulheres que entenderam como péssimo o atendimento de seus(suas) patronos(as), mas não tive oportunidade de averiguar os motivos.

Sobre o papel de juízes e juízas em seus processos, perguntei às investigadas a sua avaliação sobre o atendimento proporcionado por esses profissionais. A maioria não teve contato com o(a) magistrado(a) (35,5%), seguida das que julgaram o atendimento bom (26,6%), regular (20%), péssimo (8,9%), excelente (4,4%) e ruim (4,4%).

Gráfico 25 – Avaliação sobre o atendimento do(a) juiz(íza).

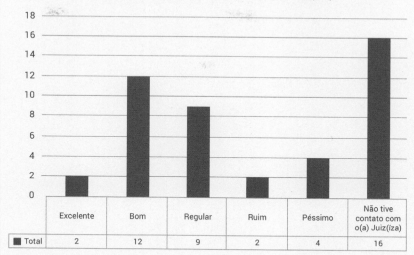

Fonte: Elaboração própria a partir das respostas do formulário *online* utilizado para esta pesquisa.

Uma possível explicação para a ausência de contato entre as mulheres e o(a) magistrado(a) responsável pelo seu caso é a previsão expressa de determinação de audiência de conciliação e mediação assim que recebida a petição inicial, nas ações de família, conforme artigo 695 do Novo Código de Processo Civil (Lei nº 13.105/2015). A aplicação do dispositivo se estende às ações de alimentos no que não conflita com a Lei nº 5.478/1968.[165] Nesta etapa processual, a audiência deve ser necessariamente realizada por um conciliador ou mediador (art. 334 do NCPC), para proteger a confidencialidade, uma vez que o alegado em sede de audiência não pode ser usado posteriormente no processo.[166] Assim como no caso dos(as) advogados(as), a maioria das responden-

---

165 DIAS, Maria Berenice. A Lei de Alimentos e o que sobrou dela com o novo CPC (Parte 1). **Consultor Jurídico**, 18 set. 2016. Disponível em: <https://www.conjur.com.br/2016-set-18/processo-familiar-lei-alimentos-sobrou-dela-cpc-parte>. Acesso em 12 mai. 2019.

166 MARCATO, Ana et. al. Obrigatoriedade da audiência prevista no artigo 695 do CPC/15. **Migalhas**, 5 jul. 2016. Disponível em: <https://www.migalhas.com.br/dePeso/16,MI241805,71043-Obrigatoriedade+da+audiencia+prevista+no+artigo+695+do+CPC15>. Acesso em 12 mai. 2019.

tes que ajuizaram ações por demanda familiar julgaram o atendimento do(a) magistrado(a) entre regular e excelente (51%).

Perguntadas sobre o resultado do processo, a maioria entendeu-o satisfatório, seguido daqueles cujos processos ainda não terminaram e de um empate entre as que não gostaram do resultado ou gostaram em parte.

Gráfico 26 – Avaliação do resultado do processo, na visão das respondentes.

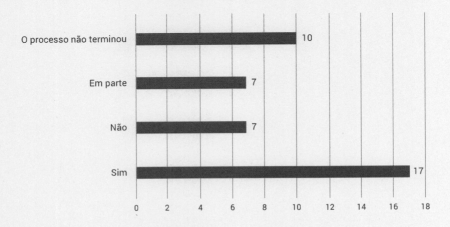

Fonte: Elaboração própria a partir das respostas do formulário *online* utilizado para esta pesquisa.

O Conselho Nacional de Justiça determinou a criação pelos tribunais, por meio da Resolução nº 125/2010, dos Centros Judiciários de Solução de Conflitos e Cidadania (CEJUSC), responsáveis pela realização ou gestão das sessões e audiências de conciliação e mediação que estejam a cargo de conciliadores e mediadores, bem como pelo atendimento e orientação ao cidadão (artigo 8º).

Um número considerável de mulheres negras participou de audiência de tentativa de conciliação no Centro Judiciário de Solução de Conflitos e Cidadania (CEJUSC):39% ou 18 pessoas, em números absolutos. A partir do Código de Processo Civil de 2015, em seu artigo 334, a audiência de tentativa de conciliação passou a ser etapa essencial no processo civil.

Gráfico 27 – Participação em audiência de tentativa de conciliação no CEJUSC pelas respondentes.

Você participou de audiência de tentativa da conciliação no Centro Judiciário de Solução de Conflitos e Cidadania (CEJUSC)?

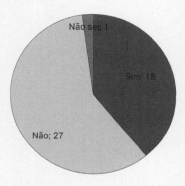

Fonte: Elaboração própria a partir das respostas do formulário *online* utilizado para esta pesquisa.

Do total de 18 mulheres que estiveram em audiência de tentativa de conciliação no CEJUSC, 35,3% (6) avaliaram o atendimento como regular, 29,4% (3) como bom, 23,5% (4) como péssimo, 5,9% (1) como excelente e 5,9% (1) como ruim.

Gráfico 28 – Avaliação do atendimento do conciliador

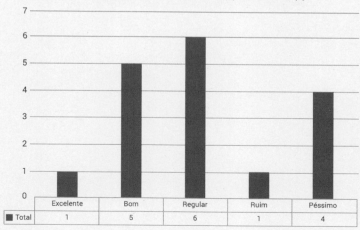

Fonte: Elaboração própria a partir das respostas do formulário *online* utilizado para esta pesquisa.

Por fim, perguntadas se já haviam tentado meios extrajudiciais de resolução de conflitos, como conciliação ou mediação, 41,3% (19) das mulheres responderam afirmativamente, contra 58,7% (27). Vale frisar que estes meios extrajudiciais excluem as audiências do CEJUSC.

Gráfico 29 – Tentativa de meios extrajudiciais de resolução de conflitos, como conciliação ou mediação, pelas respondentes.

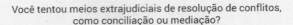

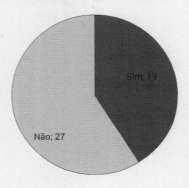

Fonte: Elaboração própria a partir das respostas do formulário *online* utilizado para esta pesquisa.

De todo o exposto, temos que, dentre as mulheres negras investigadas que acessaram a Justiça por questões familiares, a maioria o fez por pensão alimentícia, seguido das demandas por divórcio, filiação (guarda e visitas) e violência contra a mulher. A renda familiar média e alta não afastou a demanda por alimentos, o que pode revelar a influência da raça e do gênero nas demandas familiares por alimentos em detrimento de tão-somente o pertencimento de classe. Além disso, o divórcio foi uma demanda presente em diversas faixas de renda individual, de modo que outras variáveis podem ter influenciado a possibilidade de acesso à Justiça, como o alto nível de escolaridade e a residência próxima dos grandes centros urbanos.

Quanto à assistência jurídica obtida, 46,81% das mulheres foram atendidas por defensor(a) público(a) ou advogado(a) em convênio com a Defensoria, e 10,64% não obtiveram assistência jurídica, em contraposição a 34,04% que tiveram acesso a advogado(a) particular. A maioria julgou o atendimento entre regular e excelente (76,32%).

Em relação ao atendimento pelo(a) magistrado(a) do caso, dentre as que tiveram contato, a maioria julgou-o entre regular e excelente. O atendimento de conciliadores e mediadores em audiências no CEJUSC também foi apontado como entre regular e excelente pela maioria das respondentes (70,58%). Além disso, mais de 40% das mulheres tentaram meios extrajudiciais de resolução de conflitos.

Por fim, no que se refere à satisfação com o resultado do processo, a maioria respondeu afirmativamente, seguidas daquelas que ainda tem processo(s) em andamento.

Concluo, assim, que na amostra investigada por meio de formulário *online* utilizando a técnica de bola de neve para o seu compartilhamento, houve, dentre as mulheres negras que ajuizaram demandas familiares, acesso à Justiça por temas como pensão alimentícia e divórcio, apontando a influência de gênero e raça no que tange aos temas, assim como houve, em geral, acesso a assistência jurídica pela Defensoria Pública, tendo a assistência jurídica no todo (seja ela por que meio) sido julgada entre regular e excelente. O atendimento por magistrados e conciliadores ou mediadores também foi considerado entre regular e excelente, mas deve-se levar em conta o pouco contato com magistrados nesse dado. Ainda, houve tentativas de resolução de conflitos por meios extrajudiciais e, quando da propositura de ações judiciais, o resultado foi julgado em geral satisfatório, mas grande parte das demandas permanece em curso.

5. CONSIDERAÇÕES FINAIS

O propósito desta dissertação foi o de investigar de que maneira as mulheres negras são protegidas, ou não, pelo Direito de Família brasileiro, considerando-se as suas especificidades enquanto grupo racial e de gênero historicamente oprimido e a formação jus positiva brasileira com base no direito (e, portanto, em suas estruturas sociais) europeu-ocidental.

Especificamente, busquei traçar o histórico da positivação do direito civil brasileiro, com enfoque no Direito de Família, de maneira a identificar quais foram as influências de outros ordenamentos jurídicos e de outros modelos de sociedade na estruturação do nosso próprio ordenamento, e avaliar, por meio de levantamento bibliográfico e empírico, como se constituem as relações afetivas da mulher negra atualmente, averiguando quais as suas demandas familiares atuais e a qualidade do seu acesso à Justiça.

Ao longo deste trabalho, tracei brevemente a trajetória de algumas mulheres negras no século XIX, relatada por historiadoras, para entender a sua relação com a maternidade, o espaço público, o casamento e eventuais processos judiciais de partilha de bens em inventário, tutelas e soldadas, por exemplo. Vimos a incidência de estereótipos de gênero e raça sobre mulheres negras libertas em relação à tutela de seus filhos, já que foram consideradas mães prejudiciais ao futuro da nação por "contaminarem" os rebentos com o legado da escravidão e a suposta falta de condições morais de criação. A negritude e a falta de um modelo masculino normativo (branco e relacionado por meio do matrimônio religioso) foram por vezes determinantes sobre as decisões judiciais e, por conseguinte, o destino de mães e filhos.

Vimos também, ainda no capítulo 1, a invenção do ser negro descrita por Gislene Aparecida dos Santos, no momento de formação da república brasileira e de questionamentos sobre que tipo de nação seríamos. A partir de verdadeira contradição, a nação brasileira se baseou em ideias liberais de liberdade e igualdade e, ao mesmo tempo e paradoxalmente, na crença da superioridade biológica dos brancos. Com isso, defenderam-se ideias como a necessidade da imigração europeia para o progresso da nação, e formaram-se dois momentos da invenção do ser negro no Brasil: o discurso médico e jurídico de Nina Rodrigues e a antropologia de Gilberto Freyre. O primeiro, vendo na mestiçagem a degeneração das pessoas, e o segundo, enaltecendo-a, pois levaria à harmonia racial quanto mais adaptados os negros à cultura branca.

Ainda falando das mulheres negras brasileiras, no que se refere à afetividade e solidão, ou seja, aos debates em torno do preterimento da mulher negra no mercado afetivo, vimos que não existe uma interpretação unívoca do que significa solidão, a qual decorre de fatores externos, como as tendências maritais e de união consensual, mas também dos significados que as próprias mulheres atribuem a essa vivência. Além disso, vivemos na sociedade brasileira atual mudanças nas configurações familiares, com aumento do número de pessoas vivendo em uniões estáveis e se divorciando, o que significa que a população como um todo vem questionando e reorganizando os modelos familiares considerados tradicionais. Casar-se ou viver em união estável não depende apenas de encontrar um(a) parceiro(a) afetivo, mas também das condições socioeconômicas dos indivíduos (casar-se civil e religiosamente pode ser caro) e das crenças religiosas de cada um(a).

No capítulo 2, tracei um breve histórico da legislação de Direito de Família brasileira, com enfoque nas alterações impactantes para o direito das mulheres, trazendo observações sobre as condições de trabalho das mulheres negras para contextualizar o direito positivo. Além disso, expliquei a passagem da abordagem jurídica sobre a família do patrimônio, baseada numa visão das elites sobre o direito enquanto reflexo dos códigos europeus, para o afeto, em que se preza pela felicidade dos membros da família. Ademais, no que tange às ditas novas configurações familiares, defendo que não são tão novas assim, já que o que mudou efetivamente, do século XX até os dias de hoje, foi a percepção social das uniões e das formas de se viver família. Afinal, se a família formada pela hierarquia patriarcal já não faz mais sentido – apesar de fundamentalistas conversadores defenderem o contrário no atual governo federal – dizer que apenas o afeto as constitui me parece ingênuo, porque ainda não existe a possibilidade de pleitear alimentos a um amigo com quem se coabita, por exemplo. O afeto, muito mais do que uma constatação, é uma utopia em termos de reconhecimento pelo Estado.

Também no capítulo 2, vimos as diferentes nuances do acesso à Justiça por questões familiares na cidade de São Paulo entre residentes do Centro e da Periferia. As pessoas que residem na região central da cidade de São Paulo são as que mais acessam a Justiça e, nas demandas familiares, buscam divórcio ou separação, além de questões relativas ao Direito das Sucessões. Já nas regiões periféricas, as demandas mais comuns são relativas aos "alimentos de balcão", ou seja, ações de alimentos que visam resguardar o direito dos filhos nascidos de uniões estáveis ou não. Também é nesses locais onde residem o maior número de mulheres com um ou mais filhos sem o cônjuge ou companheiro, as mães solos.

Passando para o capítulo 4, destrinchei a metodologia de coleta de dados sobre as demandas familiares e o acesso à Justiça por mulheres negras e os seus resultados.

A pesquisa empírica se desenvolveu por meio de formulário eletrônico utilizando a técnica de bola de neve para o seu compartilhamento. Recortei o público para mulheres autodeclaradas negras (pretas e pardas). A idade das mulheres dentro da amostra foi de 0 a 11 anos a mais de 60 anos, com predominância das faixas etárias entre 18 e 29 anos (jovens adultas) e 30 e 59 anos (adultas). No que tange à identidade de gênero, 97,4% se declaram cisgêneras. Quanto à sexualidade, 64,7% se declararam heterossexuais, 24,2% bissexuais, 4,2% lésbicas, 3,7% preferiram não declarar, 2,1% marcaram a opção "pansexual", 0,5% "assexual" e 0,5% marcou a opção "gay". No que se refere à ocupação, a maioria das respondentes tem emprego com carteira assinada (24,7%), seguindo-se de um número próximo entre aquelas autônomas (18,9%), funcionárias públicas (17,4%) e desempregadas (18,4%), um número menor de empregadas sem carteira assinada (11,6%), 6,8% de empresárias e 2,1% de donas de casa. Quanto à renda, 47,4% tem renda individual de até 2 salários mínimos, mas, quando perguntadas sobre a renda familiar, esse percentual cai para 15,3%. Em relação à escolaridade, 65,8% possuem pelo menos o nível superior. Se considerarmos aquelas que estão cursando a universidade, temos um público predominantemente universitário (89,5%). Por fim, quanto ao estado de residência, 68,9% residem em São Paulo, seguidas das residentes no Rio de Janeiro (19,5%), o que demonstra a concentração da amostra no eixo Rio-São Paulo (88,4%).

Do levantamento, temos que a maioria das respondentes ao formulário pretende se casar. Dentre as que justificaram porque sentem vontade de fazê-lo, há menção significativa ao casamento enquanto formação de família, construção de afeto com quem se ama e a idealização do casamento, seja pelo seu significado social, seja pela cerimônia. Além disso, percebe-se a ênfase dada por algumas respondentes ao caráter de resguardo de direitos provenientes do matrimônio e, ainda, à oficialização da união estável, sendo esta considerada para algumas, portanto, uma etapa prévia ao casamento.

As mulheres que não desejam se casar justificaram a sua escolha a partir do questionamento do casamento enquanto instituição, a qual consideraram "falida" ou ruim para as mulheres. Percebe-se um discurso forte de consciência da opressão racial e de gênero em algumas respostas. Ademais, na subcategoria de motivações pessoais, a maioria das mulheres manifestou falta de vontade de se casar ou felicidade em não se relacionar com alguém.

Por fim, aquelas que apresentaram dúvidas sobre o desejo de se casar justificaram-nas pelo medo de se relacionar em si, seja pelo peso que o casamento pode representar no que tange à escolha da(o) parceira(o) (medo de escolher a pessoa errada, medo de não dar certo), seja por receio de repetições de violências de relacionamentos abusivos. Ainda, percebi diversos questionamentos sobre o casamento enquanto instituição. Há seis respostas nas quais se percebe que mulheres que já foram casadas tendem a questionar se devem se casar novamente, seguidas daquelas que entendem o casamento como desnecessário.

Sobre o desejo de viver em união estável, três justificativas apresentadas saltam aos olhos: afeto, garantia de direitos e preferência pela união estável ao casamento. Aquelas mulheres que não querem viver em união estável justificaram suas escolhas pela falta de vontade de se relacionar afetivamente – o que segue um dos padrões dos porquês de não se casar –, pela opressão de gênero atinente à união e, comparativamente ao casamento, pela insegurança da união estável e pela preferência destas mulheres pelo matrimônio. Finalmente, quanto àquelas que não sabem se querem viver uma união consensual, grande parte simplesmente está em dúvida ou nunca pensou sobre isso. Há, também, ao menos nove menções à preferência por se casar, dúvida entre se casar ou viver em união estável e a ausência de diferenças significativas entre casamento e união consensual. Percebe-se, ainda, mais uma vez, menção à opressão de gênero, à garantia de direitos e ao reflexo de relacionamentos passados em escolhas afetivas no futuro.

As respostas sobre o desejo ou não de viver em união estável demonstram que as mulheres negras respondentes não seguem o padrão de desinstitucionalização dos relacionamentos afetivos, se considerarmos que a maioria pretende se casar ou já é casada, e não destoam da tendência das classes mais escolarizadas de adiamento das uniões. Além disso, trazem elementos como a relevância dada ao casamento tanto em termos afetivos quanto de garantia de direitos civis, a importância simbólica do casamento e, quando preferem a união consensual, fazem-no por rejeição ao casamento enquanto instituição. Não há consenso sobre a interpretação das relações, mas sim verdadeira disputa sobre o significado das uniões afetivas.

Quanto aos planos de ter filhos(as), parece-me que a vontade de ser mãe prevalece pelo desejo individual da maternidade, pelo amor por crianças e pela formação de família, mas há intenso questionamento de papéis estereotipados sobre as mulheres no exercício da maternidade e o reconhecimento do peso que o racismo exerce no planejamento familiar das mulheres investigadas, mesmo num grupo com alto nível de escolaridade (65,8% com pelo menos o nível superior) e renda familiar predominantemente média e alta (55,7%).

No que se refere ao significado de família, as respondentes, em geral, apresentaram-no a partir de sentimentos manifestados pelos seus integrantes uns pelos outros, como amor, afeto e respeito, e da independência de características pré-determinadas, como laços sanguíneos, o que denota o caráter de qualidade exigido dentro dessas relações e da busca por realização pessoal de seus membros. Além disso, grande parte realça a importância da convivência e coloca a família como base, alocando a instituição no núcleo de suas vidas.

Por fim, quanto ao acesso à justiça, concluí que na amostra investigada por meio de formulário *online* houve, dentre as mulheres negras que ajuizaram demandas familiares, acesso à Justiça por temas como pensão alimentícia e divórcio principalmente, apontando a influência de gênero e raça no que tange aos temas, assim como houve, em geral, acesso a assistência jurídica pela Defensoria Pública, tendo a assistência jurídica no todo (seja ela por que meio) sido julgada entre regular e excelente. O atendimento por magistrados e conciliadores ou mediadores também foi considerado entre regular e excelente, mas deve-se levar em conta o pouco contato com magistrados nesse dado. Ainda, houve tentativas de resolução de conflitos por meios extrajudiciais e, quando da propositura de ações judiciais, o resultado foi julgado em geral satisfatório, mas grande parte das demandas permanece em curso.

Concluo que o problema de pesquisa – investigar de que maneira as mulheres negras são protegidas, ou não, pelo Direito de Família brasileiro, considerando-se as suas especificidades enquanto grupo racial e de gênero historicamente oprimido e a formação jus positiva brasileira com base no direito (e, portanto, em suas estruturas sociais) europeu-ocidental – foi respondido em parte, de modo que não tenho como apresentar uma conclusão definitiva para essa questão. O que fiz, desse modo, foi entender em que pé estão as expectativas familiares das mulheres negras dentro da amostra investigada, assim como de avaliar o seu acesso à Justiça.

Surgiram especificidades em relação às mulheres negras, como o desejo de contrair matrimônio pelo seu significado simbólico e pelo resguardo de direitos, mas também tendências de desinstitucionalização das uniões, a partir do questionamento do casamento enquanto instituição e mesmo de relações afetivas em relação à liberdade feminina. O desejo de ter filhos, por sua vez, apesar de se manifestar de forma majoritária, seja pelo desejo de ser mãe, seja pelo amor às crianças, foi sopesado com o receio do racismo e dos efeitos da conjuntura política em crianças negras, além do desejo de se priorizar enquanto indivíduo.

Não foram apontados grandes entraves ao acesso à Justiça, em geral, mas reporto ser necessário aprofundamento neste ponto para entender as variáveis que ficaram em aberto sobre os temas que originam as ações judiciais e o que se espera dos processos.

REFERÊNCIAS BIBLIOGRÁFICAS

ANDRADE, Hanrrikson de. Cerca de 70% dos brancos se relacionam com pessoas da mesma cor, aponta IBGE. **Notícias Uol**, São Paulo, 17 out. 2012. Disponível em: <http://noticias.uol.com.br/cotidiano/ultimas-noticias/2012/10/17/ estudo-do-ibge--mostra-que-cerca-de-70-dos-brancos-se-relacionam-com-pessoas-da-mesma-cor. htm>. Acesso em: 4 out 2015.

ALVES, Claudete. **Virou Regra?** São Paulo: Scortecci, 2010.

ARIZA, Marília. **Mães infames, rebentos venturosos:** mulheres e crianças, trabalho e emancipação em São Paulo (Século XIX). Tese (Doutorado em História) – Faculdade de Filosofia, Letras e Ciências Humanas, Universidade de São Paulo, 2017.

AZEVEDO, Luiz Carlos de. **Estudo histórico sobre a condição jurídica da mulher no direito luso-brasileiro desde os anos mil até o terceiro milênio.** São Paulo: Editora Revista dos Tribunais; Osasco: Centro Universitário FIEO – UNIFIEO, 2001.

BRASIL. **Constituição da República Federativa do Brasil de 1988**. Brasília, 5 de outubro de 1988. Disponível em: <http://www.planalto.gov.br/ccivil_03 /constitui-cao/constituicao.htm>. Acesso em 19 mar 2017.

BRASIL. **Lei nº 11.340**, de 07 de agosto de 2006. Cria mecanismos para coibir a violência doméstica e familiar contra a mulher, nos termos do § 8o do art. 226 da Constituição Federal, da Convenção sobre a Eliminação de Todas as Formas de Discriminação contra as Mulheres e da Convenção Interamericana para Prevenir, Punir e Erradicar a Violência contra a Mulher; dispõe sobre a criação dos Juizados de Violência Doméstica e Familiar contra a Mulher; altera o Código de Processo Penal, o Código Penal e a Lei de Execução Penal; e dá outras providências. Brasília, DF, ago. 2006. Disponível em: <http://www.planalto.gov.br/ccivil_03/_ato2004-2006 /2006/lei/l11340.htm>. Acesso em 10 maio 2019.

CARNEIRO, Sueli. Mulheres em movimento. **Estudos Avançados**, São Paulo, v. 17, n. 49, pp. 117-133, 2003.

CASTILLO, Lisa Earl; PARÉS, Nicolau. Marcelina da Silva e seu mundo: novos dados para a historiografia do candomblé Ketu. **Afro-Ásia**, Salvador, n. 36, pp. 111-151, 2007.

COLLINS, Patricia Hill. **Black Feminist Thought**: Knowledge, Consciousness, and the Politics of Empowerment. New York, London: Routledge, 2000.

CYFER, Ingrid. Feminismo, identidade e exclusão política em Judith Butler e Nancy Fraser. **Idéias**, Campinas, SP, v. 8, n. 1, pp. 247-274, jan./jun. 2017.

DAVIS, Angela; DAVIS, Fania. Destruindo o sonho: a família negra e a crise do capitalismo. In: **Mulheres, Cultura e Política**. São Paulo: Boitempo, 2017.

DIAS, Maria Berenice. A Lei de Alimentos e o que sobrou dela com o novo CPC (Parte 1). **Consultor Jurídico**, 18 set. 2016. Disponível em: <https://www.con-jur.com.br/2016-set-18/processo-familiar-lei-alimentos-sobrou-dela-cpc-parte>. Acesso em 12 mai. 2019.

DIAS, Maria Berenice. **Manual de Direito das Famílias**. 7ª ed. São Paulo: Editora Revista dos Tribunais, 2010.

DINIZ, Debora. **Carta de uma orientadora:** o primeiro projeto de pesquisa. 2ª ed. Brasília: Letras Livres, 2013.

DRUMMOND, Julia dos Santos. Feminismo Negro sob uma Perspectiva Neoestruturalista. In: SEVERI, Fabiana Cristina (org.). **Relatório NAJURP:** Direitos Humanos das Mulheres. Ribeirão Preto: FDRP, 2017.

ESCÓSSIA, Fernanda da. A cada 23 minutos, um jovem negro é assassinado no Brasil, diz CPI. **BBC Brasil**, Rio de Janeiro, 6 jun. 2016. Disponível em: <https://www.bbc.com/portuguese/brasil-36461295>. Acesso em 9 mai. 2019.

ELER, Guilherme. A 'corrente' dos 25 amigos do Facebook. E como funciona o feed. **Nexo Jornal**, São Paulo, 9 jun. 2018. Disponível em: <https://www.nexojornal. com.br/expresso /2018/09/06/A-%E2%80%98corrente%E2%80%99-dos-25- amigos-do-Facebook.-E-como-funciona-o-feed>. Acesso em 17 abr. 2019.

FARIAS, Juliana Barreto, De escrava a dona: a trajetória da africana mina Emília Soares do Patrocínio no Rio de Janeiro do século XIX. *Locus*, Juiz de Fora, v. 18, n. 2, pp. 13-40, 2013.

FLICK, Uwe. **Desenho da pesquisa qualitativa**. Porto Alegre: Artmed, 2009.

FÓRUM BRASILEIRO DE SEGURANÇA PÚBLICA; INSTITUTO DATAFOLHA. Visível e invisível: a vitimização de mulheres no Brasil. São Paulo, 2019. Disponível em: <http://www.forumseguranca.org.br/ publicacoes/visivel-e-invisivel -a-vitimizacao- -de-mulheres-no-brasil-2-edicao/>. Acesso em 27 abr. 2019.

FUJITA, Jorge Shiguemitsu. **O afeto nas relações entre pais e filhos:** filiações biológica, socioafetiva e homoafetiva. Tese (Doutorado em Direito) – Faculdade de Direito, Universidade de São Paulo, São Paulo, 2008.

GIL, Antonio Carlos. **Como elaborar um projeto de pesquisa**. 4ª ed. São Paulo: Atlas, 2002.

GOLDENBERG, Mirian. **A arte de pesquisar**: como fazer pesquisa qualitativa em Ciências Sociais. 8ª ed. Rio de Janeiro: Record, 2004.

GOMES, Orlando. **Direito de Família**. 4ª ed. Rio de Janeiro: Forense, 1981.

GONZALEZ, Lélia. Racismo e Sexismo na Cultura Brasileira. **Revista Ciências Sociais Hoje**, Anpocs, 1984.

————. Mulher Negra, essa quilombola. **Folhetim**, Rio de Janeiro, 22 nov. 1981.

————. A mulher negra na sociedade brasileira. In: MONTERO, Paula et. al. **O lugar da mulher**. Rio de Janeiro: Graal, 1982.

————. **Por um feminismo afro-latino-americano**. Disponível em: <http://disciplinas.stoa.usp.br/pluginfile.php/375002/mod_resource/content/0/caderno-de-forma%C3%A7%C3%A3o-do-CP_1.pdf >. Acesso em: 07 out. 2015.

HOOKS, bell. **The Will to Change**: Men, Masculinity and Love. New York: Washington Square Press, 2005.

HOOKS, bell. **Ain't I a Woman**: Black Women and Feminism. London: Pluto Press, 1982.

INSTITUTO BRASILEIRO DE GEOGRAFIA E ESTATÍSTICA (IBGE). **Censo Demográfico 2010:** Nupcialidade, fecundidade e migração: resultados da amostra. Rio de Janeiro: IBGE, 2010.

————. **Censo Demográfico 2010:** Trabalho e Rendimento: resultados da Amostra. Rio de Janeiro: IBGE, 2010. Disponível em: <https://biblioteca.ibge.gov.br/visualizacao/periodicos/1075/cd_2010_trabalho_rendimento_amostra.pdf>. Acesso em 25 abr. 2019.

INSTITUTO DE PESQUISA ECONÔMICA APLICADA (IPEA). **Retrato das Desigualdades de Gênero e Raça** – 1995 a 2015. Rio de Janeiro: IPEA, 2015. Disponível em: <http://www.ipea.gov.br/portal/images/stories/PDFs/170306_retrato_das_desigualdades_de_genero_raca.pdf>. Acesso em 7 mai. 2019.

ITABORAÍ, Nathalie Reis. **Mudanças nas famílias brasileiras (1976-2012):** uma perspectiva de classe e gênero. Rio de Janeiro: Garamond, 2017.

KAUFMAN, Dora. A força dos "laços fracos" de Mark Granovetter no ambiente do ciberespaço. **Galaxia**, São Paulo, n. 23, pp. 207-218, jun. 2012.

KAUR, Rupi. **Outros jeitos de usar a boca.** São Paulo: Planeta, 2017.

LACERDA, João Batista. Sobre os mestiços no Brasil. Trad. Eduardo Dimitrov, Íris Morais Araújo e Rafaela de Andrade Deiab do artigo "Sur Les métis au Brésil", publicado em *Premier Congrès Universel des Races*: 26-29 Juillet 1911. Paris: Imprimérie Devouge, 1911.

MADALENO, Rolf. **Curso de Direito de Família.** 4ª ed. Rio de Janeiro: Forense, 2011.

MARCATO, Ana et. al. Obrigatoriedade da audiência prevista no artigo 695 do CPC/15. **Migalhas**, 5 jul. 2016. Disponível em: <https://www.migalhas.com.br/dePeso/16,MI241805,71043-Obrigatoriedade+da+audiencia+prevista+no+artigo+695+do+CPC15>. Acesso em 12 mai. 2019.

MOUTINHO, Laura. Discursos normativos e desejos eróticos: a arena das paixões e dos conflitos entre "negros" e "brancos". **Sexualidade, Saúde e Sociedade,** v. 11, n. 20, 2004.

————. Diferenças e desigualdades negociadas: raça, sexualidade e gênero em produções acadêmicas recentes. **Cadernos Pagu,** Campinas, v. 42, pp. 201-248, 2004.

MOUTINHO, Laura; ALVES, Valéria; MATEUZI, Milena. Quanto mais você me nega, mais eu me reafirmo: Visibilidade e Afetos na Cena Negra Periférica Paulistana. **Tomo**, Aracaju, n. 28, pp. 265-291, 2016.

NASCIMENTO, Beatriz. A mulher negra e o amor. In: RATTS, Alex. **Eu sou atlântica:** sobre a trajetória de vida de Beatriz Nascimento. São Paulo: Imprensa Oficial, 2006.

OSORIO, Rafael Guerreiro. A classificação de cor ou raça do IBGE revisitada. In: PETRUCCELLI, José Luís; SABOIA, Ana Lucia (org.). **Características Étnico-Raciais da População: Classificações e Identidades.** Rio de Janeiro: Instituto Brasileiro de Geografia e Estatística, 2013.

PACHECO, Ana Cláudia Lemos. **Mulher Negra:** Afetividade e Solidão. Salvador: Edufba, 2013.

PAIXÃO, Marcelo; GOMES, Flávio. Histórias das diferenças e das desigualdades revisitadas: notas sobre gênero, escravidão, raça e pós emancipação. In: XAVIER, Giovana.; FARIAS, Juliana Barreto; GOMES, Flávio. (org.). **Mulheres negras no Brasil escravista e do pós-emancipação.** São Paulo: Summus/Selo Negro, 2012.

PEDROSO, Catarina. Genocídio da Juventude Negra, pobre e periférica: questões objetivas e subjetivas em debate. **Caderno Temático CRP SP nº 14** – Contra o

Genocídio da população negra: subsídios técnicos e teóricos para Psicologia. XIV Plenário (2013-2016). Disponível em: <http://www.crpsp.org.br/portal/comunicacao/cadernos_tematicos/14/frames/fr_indice.aspx>. Acesso em 9 maio 2019.

PEREIRA, Rodrigo da Cunha. **Direito de Família:** uma abordagem psicanalítica. Belo Horizonte: Del Rey, 2003.

RIBEIRO, Carlos A. C.; SILVA, Nelson do Valle. Cor, Educação e Casamento: Tendências da Seletividade Marital no Brasil, 1960 a 2000. **Revista de Ciências Sociais**, Rio de Janeiro, v. 52, n. 1, pp. 7-51, 2009.

SANTOS, Gislene Aparecida dos. **A invenção do ser negro:** um percurso das ideias que naturalizaram a inferioridade dos negros. São Paulo: Educ/Fapesp, 2002.

SANTOS, Luiz Felipe Brasil. União Estável, Concubinato e Sociedade de Fato: Uma Distinção Necessária. In: DELGADO, Mário Luiz, ALVES, Jones Figueiredo. **Questões Controvertidas no direito de família e das sucessões.** São Paulo: Método, 2005. Vol. 3. Série Grandes Temas de Direito Privado.

SÃO PAULO (Município). Decreto nº 58.228, de 16 de maio de 2018. Disponível em: <https://leismunicipais.com.br/a/sp/s/sao-paulo/decreto/2018/5822/58228/decreto-n-58228-2018-dispoe-sobre-o-uso-do-nome-social-e-o-reconhecimento-da-identidade-de-genero-de-travestis-mulheres-transexuais-e-homens-trans-em-todos-os-orgaos-da-administracao-publica-municipal-direta-e-nas-autarquias-fundacoes-empresas-publicas-e-sociedades-de-economia-mista-municipais-bem-como-nos-servicos-sociais-autonomos-instituidos-pelo-municipio-concessionarias-de-servicos-publicos-municipais-e-pessoas-juridicas-referidas-no-artigo-2-inciso-i-da-lei-federal-n-13019-de-31-de-julho-de-2014-que-mantenham-qualquer-especie-de-ajuste-com-a-administracao-municipal>. Acesso em 17 abr. 2019.

SÃO PAULO. Secretaria Municipal de Promoção da Igualdade Racial. Igualdade Racial em São Paulo: Avanços e Desafios. São Paulo: Secretaria Municipal de Promoção da Igualdade Racial, 2015. Disponível em: <https://www.prefeitura.sp.gov.br/cidade/secretarias/upload/igualdade_racial/arquivos/Relatorio_Final_Virtual.pdf>. Acesso em 10 mai. 2019.

SCHWARCZ, Lilia Moritz, STARLING, Heloisa M. **Brasil:** Uma Biografia. São Paulo: Companhia das Letras, 2015.

————. O **Espetáculo das Raças**: Cientistas, Instituições e questão racial no Brasil do Século XIX. São Paulo: Companhia das Letras, 1993.

————. Usos e Abusos da Mestiçagem e da Raça no Brasil: uma história das teorias raciais em finais do século XIX. **Afro-Ásia**, Salvador, n. 18, pp. 77-101, 1996.

SILVA, Andressa Hennig; FOSSÁ, Maria Ivete Trevisa. Análise de Conteúdo: exemplo de aplicação da técnica para análise de dados qualitativos. **Qualit@s**, Campina Grande/PB, v. 16, n. 1, pp. 1-14, 2015. Disponível em: <http://revista.uepb.edu.br/index.php/qualits/article/view/2113>. Acesso em 12 mai. 2019.

SOUZA, Flavia Fernandes de. Escravas do lar: as mulheres negras e o trabalho doméstico na Corte Imperial. In: XAVIER, Giovana; FARIAS, Juliana Barreto; GOMES, Flávio (org.). **Mulheres negras no Brasil escravista e do pós-emancipação**. São Paulo: Selo Negro, 2012

SOUSA, Neusa Santos. **Tornar-se Negro**: as vicissitudes da identidade do negro brasileiro em ascensão social. Rio de Janeiro: Edições Graal, 1983.

VINUTO, Juliana. A amostragem em bola de neve na pesquisa qualitativa: um debate em aberto. **Temáticas**, Campinas, v. 22, n. 44, pp. 203-220, ago./dez. 2014.

VOLPATO, Gilson Luiz. Como escrever um artigo científico. **Anais da Academia Pernambucana de Ciência Agronômica**, Recife, v. 4, pp. 97-115, 2007.

ZARIAS, Alexandre. A família do direito e a família no direito: A legitimidade das relações sociais entre a lei e a justiça. **Revista Brasileira de Ciências Sociais**, São Paulo, v. 25, n. 74, pp. 61-76, 2010.

6. APÊNDICE A – QUESTIONÁRIO *ONLINE* UTILIZANDO A PLATAFORMA *GOOGLE FORMS*

Família e acesso à Justiça por mulheres negras

Trata-se de formulário para coleta de dados sobre as perspectivas de mulheres negras no que tange à formação de família e ao acesso à Justiça quando há questões em Direito de Família.

Os dados estão sendo coletados para uma pesquisa de mestrado em Direitos Humanos da Faculdade de Direito da USP e a identidade das mulheres será preservada.

O formulário está dividido em 4 seções: 1) perspectivas familiares, 2) acesso à Justiça, 3) informações pessoais e 4) comentários (opcional).

Arte por Gabriel da Silva Prado, utilizando imagens de Delita Martin.

*Obrigatório

Família
Nesta seção, serão feitas perguntas sobre as perspectivas de formação de família das mulheres respondentes, incluindo uniões afetivas e filhos.

1. Qual o seu estado civil atual? *

   Marcar apenas uma oval.

   ◯ Solteira

   ◯ Casada

   ◯ Em união estável

   ◯ Noiva

   ◯ Divorciada

   ◯ Viúva

2. Você tem filhos(as)? *

   Marcar apenas uma oval.

   ◯ Sim

   ◯ Não

3. Você tem enteados(as)? *

   Marcar apenas uma oval.

   ◯ Sim

   ◯ Não

4. Você quer se casar? *

   Marcar apenas uma oval.

   ( ) Sim
   ( ) Não
   ( ) Não sei
   ( ) Já sou casada(o)

5. Por quê?

   _____

6. Você quer viver em união estável? *

   Marcar apenas uma oval.

   ( ) Sim
   ( ) Não
   ( ) Não sei
   ( ) Já vivo em união estável

7. Por quê?

   _____

8. Se não tem, pretende ter filhos(as)? *

   Marcar apenas uma oval.

   ( ) Sim
   ( ) Não
   ( ) Não sei
   ( ) Tenho filhos(as)

9. Por quê?

   _____

10. Você vive ou pretende viver uma relação afetiva não monogâmica, ou seja, em que não há exclusividade de relacionamento com um(a) mesmo(a) parceiro(a)?

Marcar apenas uma oval.

◯ Sim
◯ Não
◯ Não sei
◯ Outro: _____

11. O que é família, na sua opinião?

_____

Acesso à Justiça — Nesta seção, serão feitas perguntas sobre o acesso à Justiça pelas mulheres respondentes, incluindo o acesso à assistência jurídica (advogado ou defensor público) e a qualidade dos atendimentos.

12. Você já precisou entrar com ação na Justiça por questões de família, como pensão alimentícia, guarda, visitas, divórcio etc? *

Marcar apenas uma oval.

◯ Sim
◯ Não
◯ Não sei

13. Se sim, selecione as matérias do(s) seu(s) processo(s) (é possível selecionar mais de uma opção):

Marque todas que se aplicam.

☐ Pensão alimentícia
☐ Guarda de filho(a)
☐ Regime de visitas ao(à) filho(a)
☐ Divórcio
☐ Dissolução de união estável
☐ Investigação de paternidade
Outro: ☐ _____

14. A que tipo de assistência jurídica você teve acesso?

Marcar apenas uma oval.

- ◯ Advogado(a) particular
- ◯ Defensor(a) público
- ◯ Advogado em convênio com a Defensoria Pública
- ◯ Não tive assistência jurídica
- ◯ Outro: _____

15. Como você avalia o atendimento do(a) seu(sua) advogado(a) ou defensor(a) público(a)?

Marcar apenas uma oval.

- ◯ Péssimo
- ◯ Ruim
- ◯ Regular
- ◯ Bom
- ◯ Excelente
- ◯ Não tive assistência jurídica

16. Como você avalia o atendimento do(a) juiz(íza)?

Marcar apenas uma oval.

- ◯ Péssimo
- ◯ Ruim
- ◯ Regular
- ◯ Bom
- ◯ Excelente
- ◯ Não tive contato com o(a) juiz(íza)

17. Você participou de audiência de tentativa de conciliação no Centro Judiciário de Solução de Conflitos e Cidadania (CEJUSC)?

Marcar apenas uma oval.

- ( ) Sim
- ( ) Não
- ( ) Não sei

18. Se sim, como você avalia o atendimento do(a) conciliador(a)?

Marcar apenas uma oval.

- ( ) Péssimo
- ( ) Ruim
- ( ) Regular
- ( ) Bom
- ( ) Excelente
- ( ) Não fui em audiência no CEJUSC

19. Caso o processo tenha terminado, o resultado foi satisfatório na sua visão?

Marcar apenas uma oval.

- ( ) Sim
- ( ) Não
- ( ) Em parte
- ( ) O processo não terminou

20. Você tentou meios extrajudiciais de resolução de conflitos, como conciliação ou mediação?

Marcar apenas uma oval.

- ( ) Sim
- ( ) Não
- ( ) Não sei

21. Caso queira, comente a sua experiência em relação ao processo judicial ou extrajudicial em Direito de Família.

_____

_____

_____

_____

_____

Informações pessoais

Nesta seção, serão feitas perguntas sobre as informações pessoais básicas das respondentes, mantendo-se o anonimato.

22. Quantos anos você tem? *

Marcar apenas uma oval.

◯ 0 a 11 anos

◯ 12 a 15 anos

◯ 16 a 17 anos

◯ 18 a 29 anos

◯ 30 a 59 anos

◯ 60 anos ou mais

23. Qual é a sua identidade de gênero? *

Marcar apenas uma oval.

◯ Mulher cisgênero (se identifica com o gênero feminino, que lhe foi designado quando nasceu)

◯ Mulher transgênero (se identifica com o gênero feminino mas foi definida como do gênero masculino quando nasceu)

◯ Travesti

◯ Homem transgênero (se identifica com o gênero masculino mas foi definido como do gênero feminino quando nasceu)

◯ Não-binário(a) (não se identifica nem com o gênero feminino nem com o masculino)

◯ Prefiro não declarar

24. Qual a sua orientação sexual? *

Marcar apenas uma oval.

◯ Lésbica (se identifica com o gênero feminino e sente atração afetiva e/ou sexual apenas por pessoas do mesmo gênero)

◯ Bissexual (sente atração afetiva e/ou sexual por pessoas dos gêneros masculino e feminino, independente do gênero com o qual se identifica)

◯ Heterossexual (sente atração afetiva e/ou sexual por pessoas do gênero oposto, independente do gênero com o qual se identifica)

◯ Gay (identifica-se com o gênero masculino e sente atração afetiva e/ou sexual por pessoas do mesmo gênero)

◯ Assexual (não sente atração afetiva e/ou sexual por quaisquer dos gêneros)

◯ Panssexual (sente atração afetiva e/ou sexual por pessoas, independente da identidade de gênero destas pessoas)

◯ Prefiro não declarar

25. Qual a sua cor/raça? *

Marcar apenas uma oval.

◯ Preta

◯ Parda

◯ Branca

◯ Amarela

◯ Indígena

◯ Prefiro não declarar

26. Qual a sua ocupação? *

Marcar apenas uma oval.

◯ Emprego com carteira assinada

◯ Emprego sem carteira assinada (trabalho regular numa empresa, mas sem registro)

◯ Trabalhadora(o) autônoma(o)

◯ Do lar

◯ Desempregada(o)

◯ Empresária(o)

◯ Funcionária(o) pública(o) estatutária(o) ou militar

◯ Trabalhador(a) rural

27. Qual a sua renda individual? *

    Marcar apenas uma oval.

    ◯ Até 2 salários mínimos (de R$ 0 a R$ 1.996,00)

    ◯ De 2 a 4 salários mínimos (de R$ 1.997,00 a R$ 3.992,00)

    ◯ De 4 a 10 salários mínimos (de R$ 3.993,00 a R$ 9.980,00)

    ◯ De 10 a 20 salários mínimos (de R$ 9.981,00 a R$ 19.960,00)

    ◯ Acima de 20 salários mínimos (acima de R$ 19.960,00)

28. Qual a sua renda familiar? Considere a sua renda somada a de outras pessoas que moram com você e contribuem com o sustento da casa. *

    Marcar apenas uma oval.

    ◯ Até 2 salários mínimos (de R$ 0 a R$ 1.996,00)

    ◯ De 2 a 4 salários mínimos (de R$ 1.997,00 a R$ 3.992,00)

    ◯ De 4 a 10 salários mínimos (de R$ 3.993,00 a R$ 9.980,00)

    ◯ De 10 a 20 salários mínimos (de R$ 9.981,00 a R$ 19.960,00)

    ◯ Acima de 20 salários mínimos (acima de R$ 19.960,00)

29. Qual o seu nível de escolaridade? *

    Marcar apenas uma oval.

    ◯ Ensino fundamental incompleto

    ◯ Ensino fundamental completo

    ◯ Ensino médio incompleto

    ◯ Ensino médio completo

    ◯ Ensino superior incompleto

    ◯ Ensino superior completo

    ◯ Pós-graduação incompleta

    ◯ Pós-graduação completa

30. Em que estado você mora? *

Marcar apenas uma oval.

◯ AC
◯ AL
◯ AP
◯ AM
◯ BA
◯ CE
◯ DF
◯ ES
◯ GO
◯ MA
◯ MT
◯ MS
◯ MG
◯ PA
◯ PB
◯ PR
◯ PE
◯ PI
◯ RJ
◯ RN
◯ RS
◯ RO
◯ RR
◯ SC
◯ SP
◯ SE
◯ TO
◯ Moro fora do Brasil

Comentários

Nesta última seção, cujo preenchimento é opcional, deixa-se um espaço para fazer comentários sobre o formulário.

31. Caso queira, comente sobre o tema abordado neste formulário.

_____

_____

_____

_____

_____

32. Caso queira, diga o que achou do formulário, se foi muito longo, se as perguntas estavam claras etc.

_____

_____

_____

_____

_____

Este conteúdo não foi criado nem aprovado pelo Google.

Google Formulários

7. APÊNDICE B – RESPOSTAS ÀS QUESTÕES ABERTAS

Justificativas de quem respondeu "sim" à pergunta "você quer se casar?"

1. Porque talvez o conceito de família estável e que um casamento seria uma grande conquista ainda esteja muito enraizada em mim

2. Porque quero tenho uma pessoa, que está comigo algum tempo e dividir a minha vida com ela está sendo bom, então penso em casa para oficializar isso.

3. porque tenho toda aquela ideia romântica de "grande amor", "passar a vida com alguém".

4. Para construir afetivo e patrimônio com outra pessoa

5. Sempre tive a vontade de realizar um casamento, tanto no religioso quanto no civil.

6. Sempre tive a vontade de realizar um casamento, tanto no religioso quanto no civil.

7. vivo em união estável. não sou casada no civil. pretendo casar no cartório.

8. Ainda acredito na instituição família.

9. Para que meu companheiro tenha direito a utilizar benefícios e vice versa, convênio médico, HSPM, questões de documentação.

10. É uma das formas de construir uma família.

11. Penso que seria bom dividir a vida com alguém que eu ame

12. Eu gostaria de dividir minha vida com alguém, formando uma família.

13. É triste ficar só.

14. Pra construir uma família.

15. Sempre o tive de casar, ter alguém pra compartilhar a vida

16. No momento, não penso em casar, mas creio que em algum período da minha vida eu avaliarei melhor essa possibilidade. Casamento ou união estável possuem algumas vantagens jurídicas que me interessante!

17. Há diferença religiosa entre casamento e união estável

18. Tenho um sonho de ter a minha família com o homem que escolhi para ser meu esposo.

19. Eu tenho vontade de formar uma família com um companheiro, educar as crianças. Penso em casar nesse contexto de dividir a vida com alguém, mas com o passar do tempo entendo que posso ter uma família sem casar. Embora, casar seja ainda meu primeiro desejo.

20. É bom ter alguém pra dividir a vida

21. Gostaria de partilhar a vida com uma pessoa cuja compreensão seja mútua

22. Por que administrar uma família em dois é mais fácil.

23. Tenho vontade de construir uma família, sei que posso fazer produção independente mas gostaria de ter uma pessoa trocar ideias na criação dos filhos e ver eles crescerem, ter uma família onde todos se sintam acolhidos e fortes.

24	Para obter meus direitos e garantir os direitos do meu filho. Na atual situação política ter um documento como uma certidão de casamento garante que se meu companheiro falecer eu e meu filho n fiquemos na merda ou vice-versa.
25	Por acreditar em modelos familiares
26	Porque isso sempre nos foi negado...
27	Natural do ser humano
28	Porque me sinto segura de aceitar este compromisso com o meu companheiro
29	Porque sempre tive vontade. Quero dividir a minha vida com alguém.
30	Sempre foi um sonho e um objetivo pra mim, me vejo feliz com meu companheiro.
31	Para usar um vestido de princesa e jogar o buquê
32	Sou lésbica e namoro há 3 anos e 3 meses e fazemos planos juntas de nos casarmos.
33	Qualidade de vida e companheirismo
34	Quero ter alguém para compartilhar minha vida
35	Quero construir minha própria família
36	Sou noiva
37	Porque gosto da ideia de uma parceria nos projetos pessoais. E minha ideia de casamento é essa.
38	Formar família
39	Pois quero constituir a minha família
40	Sim, está nos meus planos, porém não como uma obrigação ou "tradição", apenas uma vontade! Me vejo daqui um tempo casada
41	Quero a festa, o anel e as fotos de casamento.
42	Construir uma relação estável é interessante. Assim como ter alguém que você possa contar.
43	Porque queremos formalizar legalmente e espiritualmente (em cerimônia) nossa união.
44	Dividir a vida com alguém que seja um /a companheiro/a
45	Porque ninguém nasceu pra ficar sozinho, independentemente de qualquer coisa. O ser humano necessita do outro.
46	preciso de um carinho diferente de carinho de filho diferente
47	Porque eu acho que o casamento é o compromisso de uma vida construída em conjunto, e eu quero ter alguém ao meu lado durante minha vida adulta e velhinha haha
48	Porque gosto da ideia de compartilhar a vida com outra pessoa
49	quero constituir uma família
50	Casar no cartório
51	Porque desejo construir uma família ao lado de uma pessoa que seja minha parceira

51

Justificativas de quem respondeu "não" à pergunta "você quer se casar?"

1 Não quero que o estado aprove minhas uniões.

2 Não tenho vontade

3 Pois não acredito mais nas relações dentro das estruturas do patriarcado.

4 não quero mas isso, pra min tô bem solteira

5 No momento não acredito em rótulos de relacionamentos precedidos por padrões.

6 Eu acredito que nas minhas experiências afetivas a ideia associada de casar por amor é perversa conosco, pois, socialmente ainda não somos lidos como seres humanos. Você pode amar alguém que ainda não é respeitada em sociedade em todos os direitos humanos básicos? Casamento é um enlace burocrático com consequências emocionais. E talvez para nós devêssemos tratar o casamento como estratégia tática e não com repertório gerado pela branquitude. Até que consigamos descolonizar o afeto e o Amor. Logo, se eu não encontrar alguém que tope esse planejamento. Eu não quero casar.

7 Na minha atual visão de sociedade casamento não é uma das opções que se enquadram na minha vida

8 Não gosto de casamentos

9 Acho desnecessário

10 Muito feliz vivendo minha vida

11 Casamento é uma instituição falida

12 Não acho necessário

13 Por que não acredito mais no casamento com respeito e fidelidade então melhor ser solteira e não perder tempo com quem não irá me respeitar

14 Porque já fui casada e a experiência foi horrível.

15 Porque não acredito que eu possa me apaixonar.

16 O mundo é um lugar muito cruel para crianças negras, não me sinto segura.

17 É um cenário do qual eu não consigo me imaginar.

18 Há coisas pra se fazer uma única vez!

19 Não me vejo dividindo minha vida com alguém.

20 já me casei uma vez e tenho um namorido a 10 anos.

21 Não creio que o casamento seja bom para as mulheres

22 Não quero ter status

23   Violência doméstica e questões financeiras.

24   Já fui casada e a experiência não foi boa

25   Não vejo o modelo atual de casamento interessante ou que me contemple.

26   Já tive duas uniões, agora optei por morar só

27   Não confio mais convivência

28   Não acredito no casamento, não esse casamento tradicional.

29   Não acredito na família nuclear.

30   Eu não gosto do que o casamento representa enquanto instituição.

31   Vivo com meu companheiro

31

Justificativas de quem respondeu "não sei" à pergunta "você quer se casar?"

1. Ao mesmo tempo q tenho vontade de constituir uma família o ser humano por várias vezes me faz querer desistir disso

2. Porque ainda não tenho uma opinião formada sobre a instituição casamento.

3. Tive um casamento feliz com meu marido que infelizmente faleceu, e ainda estou me recuperando da perda!

4. Porque sofri muito no meu último relacionamento.

5. Já realizei esse sonho

6. Quis muito já, mas após três tentativas em relações abusivas já não acho que seja possível ter um casamento com um homem hetero

7. Nesse sentido de festa romântica, não tenho certeza. Gostaria de uma comemoração significativa, mas ainda sem muita ideia de como fazer isso de forma que toda família construída se sinta bem e feliz

8. Não tive exemplos de casamentos estáveis durante a vida

9. Hoje o difícil nos relacionamentos é saber conviver com seu par, pois estamos muito individualistas

10. Nunca senti uma vontade absurda de casar, mas posso mudar de ideia, as vezes me parece algo que não compensa.

11. Porque tenho medo e não acho o casamento um bom negócio para mulheres.

12. Não sei ao certo se tenho pretensão de casar ou só formalizar união estável.

13. Medo, insegurança

14. Nunca tive o desejo de me casar, mas sempre tive o desejo de constituir família (ter filhos, mais especificamente). Hoje já repenso essa decisão. Penso nas dificuldades de educar e instruir criança(s), ainda mais sem um companheiro. E o preterimento prejudica muito o processo de encontrar um companheiro.

15. Gosto de estar me relacionando com alguém mas não sei se tenho paciência para um casal novamente

16. Não é algo que procuro ou que me interesse atualmente, mas não sei no futuro.

17. Porque já fui casada, me separei recentemente e sinto que preciso de mais tempo para amadurecer a ideia de ter um novo relacionamento ao nível de um casamento.

18. já fui casada 3 vezes não sei se tentaria de novo

19. Porque não acho necessário.

20. Namoro há quase 16 anos, mas não vivemos na mesma casa. Tenho receio de casar e não dar certo.

21. Porque já fui casada e não deu certo

CASAMENTO E MULHERES NEGRAS – Leis *versus* Demandas

22	Atualmente não tenho essa motivação por achar muito complexo e burocrático.
23	Ainda não sei se é isso que quero
24	Não é objetivo de vida, mas não descarto a ideia por motivos práticos
25	Poucas expectativas
26	Traumas de um relacionamento abusivo.
27	Hoje em dia eu não sei mais se um casamento é necessário para direitos, pagamentos etc. e nem acho que alguém iria querer casar comigo mesmo hahahaha
28	Só se valer muito a pena
29	Muito receio de ficar com a pessoa errada
30	acredito na união de duas pessoas, sendo o casamento e a união estável a mesma coisa
31	Porque não sei se daria certo.
32	Não quero me casar já pensando em separação
33	Não tenho o sonho de casar, mas se rolar um dia, também será legal.
34	Porque quando fui morar junto ao pai da minha filha sofri demais tenho medo, porque o namoro foi um mar de rosas morar junto mostrou um lado de dele que eu nunca havia conhecido
35	Não tenho a formalidade do casamento como objetivo ou aspiração.
36	Porque gosto de ser solteira.

36

Justificativas de quem respondeu "sim" à pergunta "você quer se viver em união estável?"

1   Porque é melhor

2   Acho que são etapas, para viver uma vida a dois

3   Pois perante a justiça existe a certificação de divisão de bens.

4   acho que é quase um caminho natural na minha vida

5   Porque acho legal dividir uma vida a dois sem todas as burocracias
    e tradições que demandam um casamento.

6   Me parece uma ideia mais lógica para que nos garanta direitos com menos
    peso da simbologia do casamento. Mas ainda vejo restrições.

7   Por mais que se fale em direitos iguais, independência da mulher,
    sororidade, etc., fato é a lei. O que é garantido pelas vias legais.

8   A união estável está mais para o casamento do que o regime de casamento imposto pelo estado

9   Porque é mais prático

10 Tenho direitos a benefícios que o meu futuro marido tem no emprego
    atual dele; ainda q simbólica gera responsabilidade a união.

11 Acho que é uma situação que traz felicidade mais pra perto e
    possibilidades infinitas de crescer junto com outra(s) pessoa(s)

12 Na verdade invés de me casar preferiria a União estável

13 Casamento civil não precisa ser uma demanda

14 Porque já tive um casamento e percebi que duas pessoas podem ser muito felizes sem
    necessidade de um documento que atesta a união de pessoas que se amam:

15 talvez sim, dá mais trabalho casar

16 Porque ter um parceiro e um apoio possibilita mais segurança para
    assumir mais demandas acadêmicas, políticas e profissionais.

17 A união estável é mais simples de fazer e tem validade legal
    e sai mais em conta o valor do pagamento.

18 Porque prefiro relacionamentos sérios ao seus contratados oficialmente.

19 Quero ter esta experiência

20 Pelo mesmo motivo de casar

21 A troca e o dividir me é importante em todas as relações.

22 Para divisão de vida mesmo – de um modo menos romântico e mais "corporativo" no sentido
    de poder comprovar renda, pagar aluguel, convenio médico e essas coisas de gente da vida ok

23 Porque tenho um companheiro que é uma pessoa com quem
    desejo construir muitas coisas ao lado dele.

24 Pelo conforto de ter alguém para te dividir os pesos da vida

25 Quero ter alguém para compartilhar minha vida

26 Para não misturar Estado e igreja

27 Eu o amo. Acredito q ele seja o homem certo para mim

28 Apesar de não concordar com o modelo de casamento, acredito que uma formalização de união é importante para nos resguardar (nós pessoas negras). Principalmente em um relacionamento afrocentrado, acho importante esse registro de uma união entre pessoas negras.

29 Segurança emocional

30 Perspectiva de vida

31 Casar é uma vontade, porém não levo como uma obrigação. Logo, não teria problemas em viver em união estável se fosse o caso.

32 Porque é triste viver sozinho

33 Porque eu acredito que quando se tem alguém, além de estar com a pessoa que se ama, é possível nos tornamos pessoas melhores.

34 Dividir a vida com alguém que seja um /a companheiro/a

35 Porque ter um companheiro, amigo que seja cumplice é fundamental

35

Justificativas de quem respondeu "não" à pergunta "você quer se viver em união estável?"

1. Pois acredito que não fomos ensinados a nos conhecer, logo não sabemos como nos relacionar fora da lógica da opressão de gênero.

2. Porque sou casada

3. Pela minha prática religiosa, o mais correto é o casamento mesmo.

4. Pela minha prática religiosa, o mais correto é o casamento mesmo.

5. Já vivi e não deu certo

6. Porque sou casada

7. Porque é muito informal, e incerto.

8. Por questões jurídicas, acredito que o casamento seja mais seguro para fins patrimoniais.

9. Os direitos que um (a) companheiro tem em relação a uma pessoa casada ainda é muito discriminatório

10. Sonho com o casamento kk

11. Por segurança jurídica. Conheço a lei e, para mim, há vantagens sim no casamento "tradicional". Não há motivos para eu não casar formalmente.

12. Não quero mais relacionamento sério de nenhuma forma

13. Porque a situação da mulher ainda é muito frágil neste país!!!

14. Acho juridicamente instável, acho casar mais fácil para gerenciamento de bens e de visto.

15. Teria que dividir os ganhos gerados a partir de um investimento que fiz em mim e em minha carreira de forma solitária e sofrida

16. Não difere do casamento, em termos de vida.

17. Mesma resposta da anterior

18. Idem resposta anterior

19. Acredito que o casamento convencional é mais seguro.

20. Violência doméstica e questões financeiras.

21. Porque é um regime jurídico semelhante ao de casamento, mas menos reconhecido socialmente que o casamento.

22. Quero viver só.

23. Eu casaria no cível mesmo.

24. Sou casada

25. Porque não tenho condições financeiras e acho desnecessário no momento

26. Porque já moramos juntos e decidimos casar ao invés de viver em união estável – legalmente.

27. Porque tenho sonho do véu e grinalda

28. Resido com meu companheiro.

28

Justificativas de quem respondeu "não sei" à pergunta "você quer se viver em união estável?"

1   É preciso pagar um advogado pra saber a diferença!!!!!

2   Não tenho certeza no momento

3   Dependendo da situação financeira de cada um

4   Hoje, tenho dúvidas em relação ao estável. Sou separa a três anos e fui casada por 27 anos e não existe estabilidade sem lealdade. Seja ela, afetiva ou financeira.

5   Pelo motivo descrito acima

6   Tenho medo do mesmo compromisso que um casamento.

7   depende

8   A união estável parece útil com intuito de construir algum patrimônio.

9   Medo dos homens e suas formas de violentar a mulher seja fisicamente financeiramente psicologicamente

10   Quero casar

11   Diferenças de gênero e raciais, quero ter meu espaço.

12   Não sei ao certo se tenho pretensão de casar ou só formalizar união estável.

13   Não é algo que procuro ou que me interesse atualmente, mas não sei no futuro.

14   É mais possível dentro das minhas perspectivas de vida, mas creio que o impasse se encontra no fato de manter uma relação de interdependência com alguém.

15   Maia provável viver em união estável do que casar

16   Não sei dizer exatamente por que nunca parei pra pensar nisso.

17   Gosto da liberdade

18   Acho que casamento é uma opção melhor, dá pra ter mais controle do regime de bens

19   Nunca pensei nesta possibilidade

20   acredito na união de duas pessoas, sendo o casamento e a união estável a mesma coisa

21   Tanto faz, prezo pela parceria.

22   Não vejo muita diferença na união estável ou casamento na prática. Mas prefiro casamento.

23   Talvez faça sentido por questões legais, apenas.

24   Não sei o suficiente sobre para opinar.

25   Quem sabe um dia quando achar a pessoa certa

26   Neste momento da minha vida qualquer tipo de relacionamento ou compromisso me parece distante e não os vejo como objetivos, porém, entre o casamento e a união estável, a última me parece mais possível.

27   Porque, pra mim, é irrelevante.

27

Justificativas de quem respondeu "sim" à pergunta "se não tem, pretende ter filhos(as)?"

1 Porque há muitas crianças abandonadas por uniões arruinadas pelo próprio estado que as "ressocializa?!" por meio da ADOÇÃO.

2 Meu sonho

3 Sempre quis ser mãe

4 Sempre tive vontade de ser mãe

5 Porque acho incrível a ideia de educar alguém e depois vê-lo seguir seus próprios conceitos.

6 Gosto da ideia de formar uma família

7 Gosto da ideia de formar uma família

8 Sempre tive uma família grande e gostei da experiência em viver em família grande.

9 É um sonho meu

10 tenho vontade de ter uma família grande

11 Quero ter e dividir o amor que tenho

12 Crianças são maravilhosas

13 Amor e compromisso com crianças negras

14 Porque deve ser um amor muito grande.

15 Amo crianças, sempre tive vontade de gerar e ensinar.

16 Acho lindo o milagre de gerar uma vida

17 A maternidade sempre foi algo que me encantou.

18 Se eu ganhar dinheiro, acho legal investir na criação de uma criança.

19 Tenho 2 filhos que morreram no parto – violência obstétrica.

20 Não sei bem

21 Porque sinto que filhos são a continuidade da minha história de vida.

22 Gosto muito de crianças e sinto dentro de mim a vontade da maternidade. Não porque a sociedade impõe a você que case e tenha filhos. Sinto que é o ciclo da vida.

23 Sim e adotivos. Por compreender a exclusão da infância dentro de outra perspectiva.

24 Sempre quis ser mãe

25 Sonho

26 Gosto de crianças e tenho vontade de manter a geração da família viva

27	Sempre tive vontade
28	Pela experiência biológica de estar grávida e pela experiência de criar um filho com os métodos que eu decidir
29	Adotar
30	Legado
31	Quero passar meus conhecimentos a alguém
32	Pretendo adotar. Infelizmente não tive por meios naturais
33	Para entender como é ser mãe e amar incondicionalmente
34	pretendo adotar, gerar não
35	Porque eu quero fazer parte de uma família criada por mim.
36	Meu sonho ser mãe
37	Gostaria de ter alguns filhos sim.
38	Pelo menos um, filho é nosso e marido vai embora a qualquer momento.
39	Nunca pensei muito no motivo. Apenas é algo que quero. Tudo bem se não acontecer.
40	Porque faz sentido pra mim.
41	Quero filhos adotivos, não sei se quero biológicos.
42	Porque acredito que filhos trazem aprendizado e autoconhecimento para os pais. Além disso, gostaria de poder dar oportunidade e amor para uma criança que foi abandonada pela família

42

Justificativas de quem respondeu "não" à pergunta "se não tem, pretende ter filhos(as)?"

1   Pois a maternidade é uma imposição violenta para nós mulheres.

2   Penso mais na ideia de adotar

3   Não porque quero ter as coisas para mim sem precisar me preocupar com uma responsabilidade e não quero ter a obrigatoriedade de ser responsável por uma pessoa.

4   Essa construção de sociedade ainda é muito genocida é brutal com nossas crianças, não sei se posso oferecê-los uma Vida.

5   Filhos sozinha numa situação pré determinada não é viável. É ter consciência de uma criação solitária. E pra quê? A mulher já corre o risco de criar seus filhos sozinhas mesmo casada. São pouco os casos de mãe solteira por escolha própria, a maioria é por abandono. País de difícil acesso não é atrativo para essa escolha corajosa.

6   ovário policístico

7   Não tenho vontade de ser mãe e nenhuma habilidade, nem disposição para assumir a responsabilidade integral por uma criança por longos anos da minha vida

8   Não tenho perfil maternal e acredito que há melhores destinos para o meu dinheiro

9   Por Opção, nunca desejei ter filhos.

10 Gosto de estudar, viajar e dormir.

11 Muita responsabilidade.

12 Paciência

13 Porque não quero ser irresponsável por outras vidas de livre e espontânea vontade.

14 Prefiro evitar colocar mais pessoas nessa sociedade apodrecida, sobretudo crianças pretas que invariavelmente vão sofrer muito.

15 Nunca tive vontade de ser mãe

16 Não tenho condições financeiras e psicológicas para ter uma criança.

17 Não acho que consigo criar uma criança no mundo de hoje.

18 Não tenho vontade.

19 Não tenho coragem de colocar alguém no mundo, sendo que este provavelmente sofreria muito na sociedade racista, egoísta, preconceituosa...

20 Crianças são uma imensa responsabilidade, custam caro e diminuem a liberdade.

21 Violência contra mulher, violência de forma geral, acesso a drogas, crimes e desemprego.

22 Não tenho vontade de parir, mas talvez adotaria uma criança negra mais velha.

23 Porque não posso ter filhos.

24 Perdi minha filha á quase um ano, nasceu extrema prematura e tive ela comigo por apenas 15 dias. Se quer sentir minha princesa em meus braços. Não tenho certeza do quero depois disso.

25 Não me agrada a ideia

26 Demanda muito tempo e dinheiro

27 Não tenho o desejo de ser mãe e não sei se seria uma boa mãe

28 Opção

29 Não tenho instinto materno.

30 Por conta de princípios e pelo desejo de não me dedicar a isso.

30

Justificativas de quem respondeu "não sei" à pergunta "se não tem, pretende ter filhos(as)?"

1 Me preocupo com o futuro do país, não sei se uma criança viveria bem nos tempos de hoje.

2 Porque eu ainda não tive vontade e nem coragem de encarar uma gravidez

3 A sensação de felicidade e esperança, talvez

4 Só se eu puder proteger do racismo e bancar (em relação a tempo e dedicação) uma educação afrocentrada. Eu não geraria uma criança pra jogar ela sem defesa no mundo branco.

5 Nunca tive um relacionamento sério e não sei se teria um filho sozinha.

6 Não me vejo mãe, mas as vezes pego pensando se acontecer, então não sei dizer que quero.

7 Meu menino também foi assassinado!!!

8 Porque não sei se encaixarão nos meus planos de vida.

9 Não sei se é isso que quero

10 Idade avançada

11 Está cada vez mais inviável financeiramente

12 Não quero ser mãe solteira

13 Não me sinto segura em colocar no mundo mais uma pessoa negra retinta para vivenciar as mazelas do racismo, principalmente no momento atual de regressão que vivemos.

14 Ele quer ter, eu ainda tenho dúvidas. Não tenho condições financeiras adequadas (ao que eu gostaria de fornecer) para uma criança, nem preparo psicológico, e levo em consideração a sociedade em que vivemos hoje, há dúvidas.

15 Depende da idade

16 Filhos não são prioridades num mundo tão cruel como esse em que estamos agora.

17 Tenho receio de atrapalhar meus projetos pessoais

17

Respostas à pergunta "O que é família, na sua opinião?"

1 Tudo

2 Quem aceita suas escolhas e te acolhe sem julgamentos.

3 Pessoas do meu convivo, que estão comigo sempre, me acolhem e me apoiam, me respeitam e me amam

4 Um grupo que por laços genéticos, judiciais ou sociais se responsabiliza pela segurança e bem-estar das pessoas envolvidas.

5 Família é um laço que você constrói com pessoas que você ama e que te amam que te respeitam e que você respeita e que apesar das dificuldades estão sempre ao deu lado sendo leal

6 União de duas ou mais pessoas, consubstanciada em interesse em comum e trocas de afeto, com o objetivo de se prolongar a linhagem na terra. Família é a base de qualquer pessoa

7 Família é aquela com quem você estabelece laços.

8 Família é aquela com quem você estabelece laços.

9 Uma união de pessoas que se amam, respeitam, e as quais podemos confiar e ter sempre ao lado!

10 É uma instituição onde as pessoas não se gostam, se aturam.

11 Conjunto de pessoas que se cuidam, se respeitam, zelam um pelo outro.

12 Família são pessoas que se amam, se unem, se formalizam perante a sociedade como prevenção aos seus direitos, e querem viver num conjunto a partir de dois com ou sem filhos, por fim assumindo responsabilidades conjuntas.

13 A família é composta por laços afetivos que unem as pessoas em um mesmo lar.

14 Com quem temos laços de convivência

15 Família tem várias ramificações. Não somente consiste em relacionamentos heterossexuais pode ser construída por pai, mãe avós tios padrasto e etc.

16 Família é construção de afeto, responsabilidades, de cuidado com os outros que te cercam.

17 Um núcleo de pessoas unidas por afeto e respeito

18 União de pessoas que se amam e se respeitam.

19 Um grupo de pessoas que optam por dividir espaço, amor, cuidado.

20 Um lugar em que as pessoas se sintam acolhidos, amados e protegidos por outras. Sem julgamentos.

21 Aqueles que têm vontade de dividir/construir uma vida juntos, compartilhando momentos e experiências, aprendendo e ensinando.

22 Família é aquelas pessoas com quem você sempre pode contar, que sem dúvidas sempre estarão ao seu lado, seja apoiando ou dando dura nas horas necessárias.

23 Companheiros, lealdade e felicidade

24 Prefiro monogâmica

25 União de pessoas pautadas pelo afeto e na construção da felicidade

26   Pessoas envolvidas afetivamente que pretendem compartilhar a vida juntas

27   União de pessoas que compartilham o desejo de seguir a vida juntos. Podendo incluir filhos ou não.

28   Família é um conjunto de pessoas que te geram conforto. Logo, não necessariamente, há laços de sangue.

29   pessoas que convivem se respeitam e se ajudam mutuamente independentes de laço consanguíneo

30   Base de pessoas que se amam e se fortalecem

31   A união e/ou encontro de pessoas que se amam

32   E a base de tudo

33   Pessoas que você pode contar a qualquer momento, não necessariamente do seu sangue.

34   Um conjunto de pessoas que vivem juntos em um determinado ambiente, dividindo a dinâmica do dia a dia, se respeitando, preservando a integridade de todos com afeto e respeito.

35   Homem e mulher unidos em amor com ou sem filhos

36   Pessoas que vivem em apoio, enfrentando as dificuldades da vida, que ensina valores

37   União, respeito, MUITO AMOR e companheirismo

38   Conjunto de pessoas com laco sanguíneo ou não que dividem um mesmo ambiente e laços de afetividade e responsabilidade uns com os outros.

39   relação de afeto, respeito e união.

40   Família é a conjugação de pessoas que possuem laços afetivos em decorrência de parentesco, sanguíneo ou não.

41   Pessoas ligadas por afetos e laços sanguíneos

42   Família é a base!

43   É um conjunto de pessoas com laços (que podem ser sanguíneos ou não) que se unem com o objetivo de se apoiarem e, na minha cabeça, elas moram na mesma casa.

44   Amor. Onde fica bem!

45   Grupo de pessoas que se respeitam

46   É um grupo de pessoas que se apoiam, convivem, se amam, apesar de todas as dificuldades.

47   União entre pessoas que se amam e estão dispostas a ajudar umas às outras, mesmo que seja necessário fazer concessões.

48   Pessoas que vivem e dividem um lar e suas responsabilidades

49   Reunião de pessoas, cuja base da relação é o afeto e o cuidado mútuo

50   A união de pessoas que se amam, com ou sem laços afetivos.

51   Família é a união de pessoas que compartilham amor, que enfrentam barreiras juntas, apoiam um ao outro, independentemente de uma ligação afetiva ou sanguínea.

CASAMENTO E MULHERES NEGRAS – Leis *versus* Demandas

52 São laço afetivos que dividimos com algumas pessoas, esses
laços podem ser sanguíneos ou mesmo de amizade.

53 Família na minha opinião é onde você encontra amor, compaixão e apoio são
as pessoas que te educam e te dão coragem para enfrentar a vida.

54 Família e quem você se identifica, quem te faz bem que pode ser de sangue ou não

55 É um grupo de pessoas que se amam, se respeitam e se
ajudam, independente de laços sanguíneos.

56 Pessoas que se amam.

57 Família não precisa necessariamente ser de sangue, mas sim as pessoas
que estão próximas em todos os momentos da nossa vida.

58 Onde há amor, suporte e orientação.

59 Pessoas que se respeitam mutualmente e tem um laço afetivo.

60 Família é a base de todo ser humano, em termos afetivos, de núcleo
e de referência. Isso independe de como é formada.

61 Conseguir se manter nas dificuldades e adversidades juntxs.

62 não me importa pois tenho 62 anos

63 Lugar de base, crescimento e segurança

64 Família é quem te acolhe e respeita como você é.

65 União de pessoas que se amam.

66 Nosso bem mais precioso, minha base.

67 Pessoas que coabitam uma casa e se reconhecem como família: pessoas solteiras
e sozinhas, pessoas solteiras c filhos, casais heterossexuais, homossexuais, filhos,
enteados, sogra, sogro, inclusive animais de estimação. Reconheço qualquer
contexto autodeclarado como família, e respeito a individualidade de cada um.

68 Família são grupos de pessoas que se relacionam afetivamente

69 Duas ou mais pessoas que vivem em um lar e compartilham uma vida juntas.

70 Quem se importa com você e dá amor

71 Onde exista amor, respeito e carinho

72 Família é um grupo de pessoas unidas por amor, compaixão, empatia
e respeito. Podendo ter laço de sangue ou apenas afetivo.

73 Membros que se consideram e podem morar juntos ou não

74 Família são aqueles presentes nos momentos de dificuldade e
não exclusivamente os que temos laços de sangue.

75 Amor, convivência com respeito e afetividade

76 União entre pessoas que apesar de diferentes, trabalham para o
bem e crescimento um dos outros, com amor e respeito.

77 Pessoas que n iram juntas e formam um lar

78 Família são aquelas pessoas que te ajudam a prosseguir, entende suas escolhas, te apoiam nos seus caminhos e te mostra quando você pode ser melhor consigo mesmo e com o outro. Não precisa ser de sangue.

79 É a base para a formação do caráter do indivíduo.

80 Alicerce

81 Núcleo de pessoas que vivem juntas, compartilham afeto e se desenvolvem juntas.

82 Cumplicidade, afetividade e respeito entre duas pessoas.

83 A base de tudo. Pessoas com vínculos familiares ou não que sentem amor carinho umas com as outras.

84 Na minha concepção, família é alicerce, refúgio e fortaleza. Família é um dos primeiros exemplos de relações entre pessoas que temos na vida. Independente de como ela for composta.

85 É a base, o equilíbrio e o centro

86 Pessoas que decidem compartilhar a vida, ideais e espaço físico

87 Quem mantém uma relação afetiva mais próxima

88 Cumplicidade e compartilhamento

89 Pessoas que amam e se importam uma com a outra

90 Minha base sobre perspectiva de vida com amor, respeito e força

91 união de seres com personalidade diferente porém unidos no amor

92 É meu tudo!

93 Família é um conjunto de pessoas que decidem construir a vida juntos, seja por laços afetivos ou sanguíneos.

94 Relação entre indivíduos que vivem juntos e que haja respeito, consideração e carinho.

95 Um núcleo de pessoas que compartilham amor e desejo de cuidar uns aos outros.

96 Família é a junção de pessoas que deveriam se amar e se ajudar. É o que chamamos de meus.

97 Pessoas que decidem compartilhar a vida, e tudo que advir dela.

98 É a união de 2 ou mais pessoas que se apoiam, se amam, respeitam, se ajudam, se preocupam uns com os outros, formando uma rede de apoio psicológico, social e traz fortalecimento na identidade do indivíduo e, de acordo com o fortalecimento dessa rede familiar e das qualidades desse núcleo, pode determinar de maneira positiva a relação dessas pessoas com a sociedade

99 união de pessoas com vínculos afetivos e parentais, ou união de pessoas com intuito de procriarem gerando uma família.

100 Parceria, ato político e união

100

Respostas à questão "Caso queira, comente sobre o tema abordado neste formulário."

1 Perfeita! Nunca errou!

2 Anseio pelo o dia em que a base da pirâmide retornará ao Topo.

3 sou aposentada

4 Achei totalmente interesse e um tema que deve realmente ser discutido

5 Muito interessante ter pessoas pesquisando sobre mulheres pretas e o acesso à justiça

6 Achei o tema interessante, gostaria de ter contribuído mais e melhor...

7 Essencial para construção de reconhecimento civil das uniões e nossas particularidades como mulheres negras

8 Interessante

9 Interessante. levantamento necessário

10 A justiça parte do pressuposto que não temos razão e que não devemos questionar suas decisões ou arbitrariedades.

11 Importantíssimo! Adorei a pesquisa.

12 A mulher negra não é vista como mulher na sociedade brasileira, patriarcal e machista. Ela vista como empregada doméstica. É só observar quanta de nós com graduação estão solteiras ou pelo número ou dificuldade de relacionamentos. Ou, pior, pelo número de mulheres negras abandonadas com seus filhos ou aquelas que conseguem chegar na velhice com seus maridos. Muitas de nós não levamos nossos casos à justiça. No caso de minha mãe, fomos nós que pedimos para ela se divorciar e garantir seus direitos. Se não tivéssemos feito isso nem casa para morar teríamos.

13 eu já ganhei um processo, mas foi contra uma loja que me botou no SERASA. o juiz e a conciliadora foram bons, mas o advogado me roubou 30% do dinheiro e mais uns quebrados

14 Acho muito importante falar sobre questões matrimoniais e o impacto entre mulheres negras, como elas se reconhecem nesse espaço

15 Tema essencial ao debate para a construção de uma sociedade menos preconceituosa, racista e excludente, em especial, no tocante ao acesso à justiça.

16 Achei formulário interessante por ter me feito refletir o que entendo como família. Também foi boa a reflexão proposta sobre assuntos como casamento, união estável e filhos – pude entrar em contato com as minhas certezas e minhas dúvidas.

17 Sem noção algumas perguntas

18 A solidão da mulher negra é um bom tema para ser abordado em alguma dessas perguntas

19 Parabéns por tratar da Mulher negra e sua cidadania afetiva e familiar em sua pesquisa. Também tratei da Mulher negra no mestrado em 2013 e me senti contemplada demais com o seu sujeito de pesquisa. Votos de sucesso! Grata pela oportunidade de colaborar mesmo tão singelamente!

20 De extrema relevância pois a maior parte das mulheres negras dependem de defensoria pública em ações de família por não ter condições de arcar com honorários de um advogado particular

21 excelente assim dá para diagnosticar que a mulher independente de cor religião ou financeiro é capaz de tudo.

22 Achei interessante

23 Bem interessante

24 Dificultoso em todos aspectos

25 Hoje tenho uma situação financeira mais estabilizada. Mas a pensão fez muita falta, tive que fazer muitas dívidas por conta de um tratamento médico para meu filho. Até hoje pago empréstimos relacionado com isso.

26 acho muito importante falar sobre esse tema principalmente nos dias de hoje com tanto feminicídio e racismo

27 Acredito ser um tema de suma importância sou advogada e vejo a um certo espanto das pessoas quando falo a minha profissão. Acredito que quando a mulher negra precisa de justiça gratuita também não deve ser fácil como é tratada, infelizmente no Brasil temos o racismo institucionalizado e geralmente não vemos negros e muito menos negras ocupando esses cargos de defensor público.

28 Muito pertinente à sociedade brasileira.

29 O tema é interessante, muito atual. Participei somente para conhecimento do programa.

30 Parabenizo a autora pela relevância do tema. A vida das mulheres importa e a pesquisa acadêmica dá visibilidade a esta importante questão social.

31 PARABÉNS pelo tema

32 Na verdade é bem difícil pra mim falar sobre... eu não entendo nada de justiça da família e sinceramente tenho medo de tentar fixar acordos por meio judicial no caso do meu filho e começar uma guerra... Tenho vontade de morar com meu atual companheiro e não sei se a união estável com um ex será um problema ou não, assim como nem menciono o assunto... É uma pedra que eu carrego comigo...

33 Importante!

34 Toda busca por direitos é justa, independente da cor. Achei muito interessante e válido este tema.

35 Bom para vermos nossa justiça frente as questões das mulheres negras

36 Achei muito pertinente.

37 O tema é de muita relevância para entendermos todo o contexto e dificuldades pelo qual mulheres negras passam para ter acesso a justiça —quando estas conseguem o acesso à justiça.

38 tema pertinente com o momento como negra e mulher me sinto deslocada no acesso aos aparelhos públicos parece que não são para min.

39 Gostei

40 Achei o tema maravilhoso. Questão muito importante.

41 Gostaria de não aceitar na realidade em que nós mulheres negras vivemos, demorei para enxergar que minha cor era condição predominante para vários nãos recebidos, seja em relacionamento ou profissionalmente. E pior é as pessoas não acreditar no que passamos diariamente.

42 Boa iniciativa

43 bons

43

Respostas à questão "Caso queira, diga o que achou do formulário, se foi muito longo, se as perguntas estavam claras etc."

1 Não encontrei defeitos...

2 Na questão sobre ações judiciais no âmbito familiar, senti falta da alternativa a respeito de processos de violência doméstica.

3 Perguntas claras e diretas

4 Interessante e as perguntas foram boas

5 Sugiro, por favor, veja a pertinência disso no campo escolaridade especificar anos estudados

6 Achei sucinto e direto, no entanto me pareceu direcionado para mulheres que enfrentaram questões jurídicas.

7 achei tranquilo e claro. Bem explicativo

8 Achei ótimo, conciso e objetivo.

9 Muito bacana. Mas, poderia ter aberto uma opção para relatar o caso de nossos pais.

10 muito longo, mas entendo

11 Estava claro e objetivo

12 Excelente

13 Formulário objetivo e claro

14 Pergunta porque casou, por que teve filhos...achei irrelevante.

15 Muito bem formatado

16 Curtas porem sem elaboração l

17 Perguntas claras.

18 Não sei se abordou exatamente o que foi proposto no enunciado mas as perguntas foram ótimas

19 Formulário bem elaborado.

20 Faltou incluir no campo "ocupação" o estágio!

21 achei que faltou estagiário no campo de empregos e também "ainda não ingressei no mercado de trabalho"

22 Questionário preciso e de fácil compreensão

23 ótimo bem positivo

24 Algumas perguntas não constavam opções

25   Perguntas claras e objetivas

26   Tranquilo

27   Claras e concisas

28   Excelente.

29   Formulário com algumas perguntas não muito claras

30   Muito bom

31   Ok perguntas relevantes

32   Sim, foram claras

33   Claras.

34   Não sei como os dados serão analisados e o objetivo das coletadas informações. Mas não achei longo e as perguntas me parecem claras.

35   Ótimo!

36   foram claras mas poderia ter perguntas mais voltado ao problema da mulher o que ela sofre no dia a dia as vezes em casa mesmo

37   Não achei longo achei ideal. E as perguntas estavam bem claras.

38   Sim

39   Sim, o questionário está muito bom!

40   As primeiras perguntas deixaram a desejar. As demais são ótimas

41   Foi muito esclarecedor, bem elaborado. Pode ser respondido, por qualquer pessoa. São perguntas simples e básicas da sua vida.

42   Não tenho aqui referências acadêmicas, mas talvez a definição de bissexual esteja um pouco limitante. Pan e bi na prática são a mesma coisa, só muda nomenclatura. Pessoas bis também podem se atrair por pessoas trans. Acho que esse vídeo aborda isso de um jeito mais pontual: https://www.youtube.com/watch?v=V1ZbF3iPheo

43   Formulário bem construído, claro e conciso.

44   Tamanho adequado. Respostas claras.

45   foi excelente

46   Sim, estava muito bem.

47   Sim. Bem claro

48   Desconfortável ter que pensar no quanto a gente é "empoderada" e ajuda as outras mas tem esse tipo de questão dentro de casa, se sente tão sozinha e sem apoio... Como eu disse, eu amo ser mãe, mas durmo todo dia triste por não suportar muito a maternidade...

CASAMENTO E MULHERES NEGRAS – Leis *versus* Demandas

49	Perguntas bem elaboradas e respostas bem objetivas
50	Perguntas claras, não era longo, estava de acordo com o proposto
51	Não achei corretas as perguntas sobre renda pessoal e familiar
52	As perguntas foram muito claras e de boa compreensão. Bem simples e fácil de responder.
53	perguntas claras e de fácil assimilação sobre o recorte de direitos familiares, não deve ocorrer o erro da pessoa preencher sobre outros processos...
54	Só na parte da União estável ficou confuso, no meu caso sou casada
55	Acho que os dados pessoais poderiam vir primeiro. Deveria haver um bloqueio das questões relacionadas a um processo judicial para quem responde que nunca passou por um.
56	Muito claro e objetivo.
57	Não foi muito longo. Achei que foram perguntas muito objetivas.
58	Estava perfeito! Perguntas foram claras e não achei longo.
59	As perguntas podiam já direcionar para as próximas de acordo com a resposta. Por exemplo, se seleciono "NÃO" para a pergunta "se já acionei o poder judiciário", as próximas perguntas relativas a esse tema não precisariam aparecer.
60	Estão claras e objetivas PARABÉNS
61	Algumas não, como no caso de renda familiar, eu moro sozinha e fiquei sem essa opção
62	Achei objetivo.
63	na parte do acesso à justiça, que não precisou deveria ter a opção de não precisei ao invés de não tive acesso, pois por mim o não tive acesso remete a n ter conseguido acesso por dificuldade
64	Achei bom, com perguntas abertas, onde cada pessoa tem a liberdade de expressar sua ideia em relação à família
65	objetivo

65

editoraletramento
editoraletramento
grupoletramento

editoraletramento.com.br
company/grupoeditorialletramento
contato@editoraletramento.com.br

casadodireito.com   casadodireitoed   casadodireito